で作り、その場で提供するジェラートならではのフレッシュなおいしさが人気を集めています。

作り手のアイデアでオリジナリティー豊かな味わいを生み出すことができ、店で作るフレッシュなおいしさが大きな魅力となるジェラートは、専門性や高品質が求められる今の時代に、ますます有望になっていると言えます。

ジェラート専門店に加えて、レストラン・カフェでも参考にしていただけます。

本書は、ジェラートの基本知識から、多彩なバリエーションのレシピまでを網羅しています。ジェラート専門店はもちろん、レストランやカフェでも参考にしていただける内容にしました。アイスとシャーベットのバリエーションのレシピは、合わせて70種類以上を掲載しています。

ただし、どんな料理やスイーツでも、目指す味によって材料や分量は変わってきます。ジェラートも同様です。大事なのは、基本となる知識や技術をベースに、独自のアレンジを加えていくことでしょう。

そこで、本書は、「ジェラートづくりの基本的な流れ」、「アイスのベースミックスの作り方」、「糖類の使い方」、「フルーツの使い方」、「オーバーランの知識」…等々、おいしいジェラートを作るために欠かせない基本知識と技術の解説を充実させた上でレシピを紹介しています。

また、レシピとともに、原価の目安も掲載しています。テクニックだけでなく、経営的な観点からも参考にしていただけるようにしました。さらに、ジェラートを使った「アイスケーキ」の技術も紹介しています。

ジェラートのおいしさは、お客様を笑顔にします。お客様を笑顔にするジェラートが、お店にも繁栄をもたらします。本書が、その一助となることを願ってやみません。

目次
Contents

IGCC代表
(Italian Gelato&Caffé Consulting)
根岸 清

数多くのイタリア訪問を経て、本場のジェラートやエスプレッソを完全修得したエキスパート。日本に本場のジェラートと正統派のエスプレッソを普及させる原動力となったエキスパートの草分けで、現在も数多くのセミナー・指導を行なっている(経歴143ページ参照)。

※本書をお読みになる前に

●本書で紹介するのは「ジェラートにおけるアイス・シャーベットの知識と技術」で、基本的に同一店舗で製造と販売を行なうケースを想定したジェラート教本です。
●ジェラートのレシピは、目指す味わいによって使用する材料や分量は変わります。紹介するレシピは一例として参考にしてください。
●本書で紹介するジェラートのレシピの分量は、「材料の合計1000g」を基本にしていますが、一度に作る分量は、販売量に合わせて調整してください。
●ジェラートは、レシピだけでなく、使用する機器等によっても仕上がりに違いが出る場合があることを踏まえてレシピを参考にしてください。
●紹介している情報は、2018年3月時点のものです。

CHAPTER 1

ジェラートの基本知識と技術

ジェラートの特徴と魅力

最初にジェラートの特徴と魅力について主なポイントをまとめておきます。

まずジェラートは、「ナチュラル」なおいしさが大きな特徴です。ジェラートは、できるだけ新鮮な素材で作り、人工糊料や保存料が少ないナチュラル志向です。

さらに、空気の含有量が30％前後と少ないのがジェラートです。「密度が濃く、なめらか」であることもジェラートの魅力です。同時に脂肪分も少なめです。ジェラートのアイスは脂肪分が4～7％くらいと低めで「ライト」です。

また、ジェラートは、基本的に同一店舗で製造し、販売も行ないます。できたての「新鮮な商品」であることがジェラートの大きな魅力です。

このように「ナチュラル」「密度が濃く、なめらか」「ライト」「新鮮な商品」であることが、ジェラートの基本的な特徴と魅力になります。

そして、これらの特徴と魅力を備えたジェラートのおいしさの秘訣は、

ナチュラルなおいしさ

ジェラートは、できるだけ新鮮な素材で作り、人工糊料や保存料が少ないナチュラル志向。ミルクやフルーツの自然なおいしさが魅力。

脂肪分が少なめでライト

ジェラートは脂肪分も少なめ。ジェラートのアイスは脂肪分が4～7%と低めで「ライト」なおいしさ。

密度が濃く、なめらか

空気の含有量が30%前後と少ない。密度が濃く、なめらかな口当たりのよさもジェラートの特徴。

できたての新鮮な商品

ジェラートは基本的に同一店舗で製造し、販売も行なう。できたての「新鮮な商品」であることがジェラートの大きな魅力。

ナチュラルで新鮮、口当たりもクリーミーでなめらか。そんなジェラートのおいしさが多くの人たちに愛されている。

レシピ以外の要素で言えば「素材の品質」が最も重要になります。おいしさの秘訣の50%を、素材の品質が占めると言っても過言ではありません。それだけ、素材選びが大切になります。

残りの50%は、「フルーツの使用時期」、「調理・加工の技術」、「マシン・道具の扱い」、「保存方法」などです。

例えば「フルーツの使用時期」が大事なのは、熟度によって味が大きく変わるフルーツが少なくないからです。また、素材によっては「調理・加工の技術」も必要ですし、パステライザーやアイスクリームフリーザーを始めとした「機器や道具の扱い方」や、温度管理などの「保存方法」も重要です。

このようにジェラートは、おいしさを左右する基本的なポイントがあります。もちろん各店のレシピによって味わいが変わってきますし、そこが工夫のしどころではありますが、まずは、おいしさを左右するこれらの基本的なポイントを踏まえておくことが大切です。

基本的な知識と技術をしっかりと身につけた上で、さらにオリジナルのおいしさを目指していただければと思います。

ジェラートのおいしさのポイント

〈その他の要素〉

フルーツの使用時期

ジェラートでは様々なフルーツが使われる。フルーツは熟度で香りや色、味わいが変わるものが多いので、その使用時期も大切。

調理・加工の技術

フルーツによっては煮てから使う、素材によってはペーストにしてから用いるなど、調理・加工のひと手間もおいしさのポイントになる。

機器や道具の扱い

ジェラートづくりに使用するパステライザーやアイスクリームフリーザーなどの機器や道具を、適切に扱う知識や技術も大事な要素。

保存方法（温度管理等）

せっかくおいしいジェラートを作っても、保存の際の温度管理などがよくないとクオリティーが下がってしまうので注意が必要。

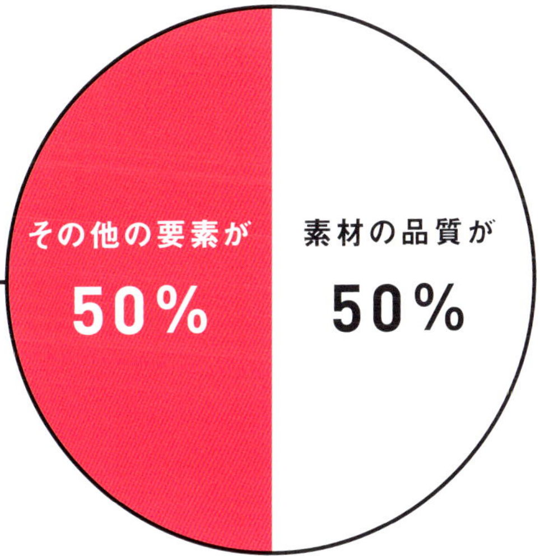

ジェラートは、レシピ以外の要素では「素材の品質」がおいしさを大きく左右し、その他にも重要な要素がいくつかある。まずは、これらの基本的なポイントを踏まえておくことが大切。

日本のアイスクリーム類と氷菓の分類

日本では「乳固形分」などの分量によって以下のように分類され、衛生基準も設けられている。アイスクリーム類の販売の仕方によっては、以下の分類名や成分などの表示が必要になる。4～7%くらいの乳脂肪分で作るジェラートのアイスは、日本の分類では「アイスミルク」などに該当する。

分類	乳固形分	うち乳脂肪分	大腸菌群	細菌数
アイスクリーム	15.0%以上	8.0%以上	陰性	10万以下／1g
アイスミルク	10.0%以上	3.0%以上	陰性	5万以下／1g
ラクトアイス	3.0%以上	ー	陰性	5万以下／1g
氷菓	上記以外のもの（乳固形分3%未満）		陰性	1万以下／1mℓ

※細菌数は、発酵乳又は乳酸菌飲料を原料としたもの以外の菌数をいう。

ジェラートづくりの基本的な流れ

ジェラートづくりの工程には、基本的な流れがあります。

ジェラートのアイスは、まず「ベースミックス」を作ります。ベースミックスは、牛乳や生クリームなどの乳製品や、グラニュー糖などの糖類を混ぜ合わせて（ミックスして）作る液体状のものです。

このベースミックスと、フルーツ類やチョコレート、ナッツなどの各種材料を合わせて、多彩な味わいのアイスを作ります。

ベースミックスは「ホワイトベース」と「イエローベース」があります。主な違いは卵黄を使うかどうかです。卵黄を使うと黄色がかった液体になるので、「イエローベース」と呼ばれています。

そして、ジェラート専門店などでは、「パステライザー」と呼ばれる専用機器でベースミックスを作ります。パステライザーを使えば、適切な温度で衛生基準を満たす加熱殺菌をしながら、一度に多くの量のベースミックスを作ることができます。

シャーベット

ジェラート専門店も、レストランやカフェも基本的な流れは同じ

各種材料をミキサーなどで混ぜ、アイスクリームフリーザーに入れる

▼

アイス（ベースミックス使用）

パステライザーを使わないレストランやカフェの場合

手鍋等でベースミックスを作る

▼

ベースミックスと各種材料をアイスクリームフリーザーに入れる

▼

パステライザーを使うジェラート専門店の場合

パステライザーでベースミックスを作る

▼

ベースミックスと各種材料をアイスクリームフリーザーに入れる

▼

完成

ジェラート専門店では、「パステライザー」と呼ばれる専用機器で、一度に多くの量のベースミックスを作る。一方、使用量がそれほど多くないレストランやカフェの場合は、手鍋などでベースミックスを作る。ジェラート専門店とレストランやカフェでは、この点が異なる。

パステライザー

「パステライザー」を使えば、衛生基準を満たす加熱殺菌をしながら、安定した品質のベースミックスを作ることができる。写真のパステライザーは、イタリア・エルフラモ社製（輸入元／㈱エピック）。

一方、デザートの一部としてジェラートを提供するレストランやカフェは、使用量がさほど多くはないので、手鍋などでベースミックスを作ることになります。

このようにパステライザーと手鍋の違いはありますが、その後の工程は同じです。ベースミックスと各種材料をアイスクリームフリーザーに入れてアイスを完成させます。

ベースミックスを使わないシャーベットは、ジェラート専門店もレストランやカフェも、各種材料をミキサーなどで混ぜてからアイスクリームフリーザーに入れて作ります。

ジェラート専門店とレストランやカフェが違うのは、アイスクリームフリーザーの〝大きさ〟です。ジェラート専門店が必然的に大型のアイスクリームフリーザーを使うのに対して、レストランやカフェでは比較的、小型のアイスクリームフリーザーが使われています。

どちらにしても、ここで知っておいていただきたいのは、ジェラートづくりの基本的な流れの中で、特に重要なのがアイスのベースミックスであるということです。次頁から、ベースミックスの基本知識と技術を解説していきます。

ベースミックスに各種材料を合わせて多彩なアイスを作る

イエローベース　**ホワイトベース**

＋

フルーツ、チョコレート、和の素材 etc.

ベースミックスには「ホワイト」と「イエロー」がある

イエローベース　**ホワイトベース**

ベースミックスは「ホワイトベース」と「イエローベース」がある。卵黄を使ったベースミックスが「イエローベース」と呼ばれる。このベースミックスに、フルーツやチョコレートなど各種材料を合わせて多彩なアイスを作る。「ホワイトベース」と「イエローベース」のどちらをベースにするかは、合わせる材料との相性を考慮して決める。

アイスクリームフリーザー

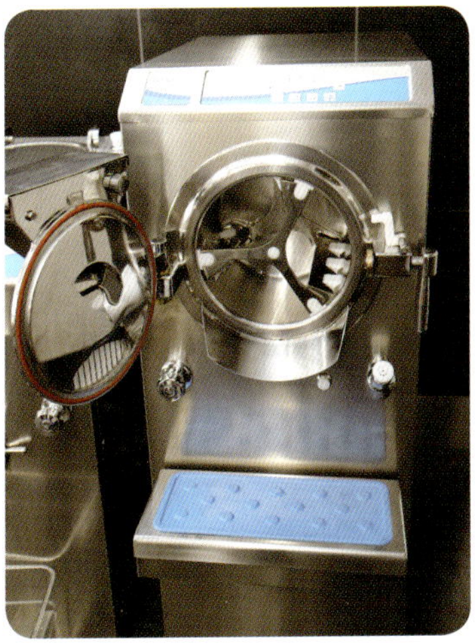

「アイスクリームフリーザー」にベースミックスと各種材料を入れてアイスを作る。ベースミックスを使わないシャーベットは、フルーツ類や糖類、水などの各種材料をアイスクリームフリーザーに入れて作る。写真は、イタリア・エルフラモ社製（輸入元／㈱エピック）。

アイスのベースミックスの作り方

ベースミックスは、ホワイトベースもイエローベースも、主な材料は乳製品と糖類です。

まず、牛乳を始めとした乳製品がミルキーな味わいを生み出します。アイスに用いる乳製品は、牛乳以外に生クリームや脱脂粉乳があります。何を、どれくらい使うかは、各乳製品の役割や原価、ジェラートづくりのポイントである「水分と固形分のバランス」(20ページ参照)も踏まえて決めることになります。

一方、糖類は、基本的にはグラニュー糖をメインで使用しますが、ジェラートづくりでは「糖分の割合」も非常に重要なポイントになります。糖分の割合が、甘みだけでなく、氷点温度などにも影響します。糖類に関する詳しい知識は20ページ～の解説を参照してください。

ここで紹介するベースミックスのレシピは、おいしさや原価面を総合的に考えて選んだ、ほどよいコクとミルキーさ、甘さを工夫した〝おすすめのレシピ〟です。

ベースミックスの主な材料

乳製品

脱脂粉乳

脱脂粉乳は、生乳や牛乳から乳脂肪分を除去し、水分を取り除いて粉末状にしたもの。ミルキーな風味を増すために使用する。

生クリーム　**牛乳**

ベースミックスに使用する乳製品の主材料は牛乳と生クリーム。本書で使用するのは、乳脂肪分が3.5%以上の牛乳と、45%の生クリーム。

乳化安定剤

「乳化材」と「安定剤」も大事な役割を果たす(29ページ参照)。例えば、安定剤はなめらかな仕上がりにする効果がある。

※本書のベースミックスに使用している乳化安定剤は、「使用量の範囲」が0.6%～1%のもので(糖で増量している製品)、紹介しているレシピでは1000gに対して10gを使っています(18Pの「クレーマバニラベース」は6g)。糖で増量していない乳化安定剤は使用量の範囲が0.2%～0.5%程度のものなどがあるため、それに合わせて使用量は調整してください。

糖類

ジェラートにはグラニュー糖が使われる。純度が高く、甘みの質もよいグラニュー糖は、世界的に広く使用されている。

グラニュー糖

トレハロース

「トレハロース」を使用することで、甘さを抑えながら、味わいや食感のよいジェラートを作ることができる(24ページ参照)。本書では㈱林原の「トレハ」を使用。

このベースミックスで35ページからのアイスを作ります

ベースミックスのレシピ

イエローベース

〈材料〉

牛乳……685g
生クリーム……90g
冷凍卵黄(20%加糖)……37g
脱脂粉乳……30g
グラニュー糖……103g
トレハロース……45g
乳化安定剤……10g
合計1000g

ホワイトベース

〈材料〉

牛乳……680g
生クリーム……120g
脱脂粉乳……30g
グラニュー糖……115g
トレハロース……45g
乳化安定剤……10g
合計1000g

※乳化安定剤の使用量は、12ページの注釈を参照

作り方

※パステライザーを使用

①牛乳、生クリームをパステライザーに入れる。(※40℃までは低速撹拌で設定する。40℃まで低速撹拌のスピード設定ができない場合は、40℃になってから生クリームを入れる)

②パステライザーの温度が40℃になったら、よく混ぜ合わせておいた脱脂粉乳、グラニュー糖、トレハロース、乳化安定剤を入れる。(※イエローベースは、この後、解凍しておいた卵黄を入れる)

③120分前後でベースミックスが完成。完成したベースミックスを容器に移す。

粉末類をよく混ぜ合わせてダマにならないようにする

パステライザーを使えば、順番に材料を入れるだけで簡単にベースミックスを作ることができるが、粉末類の入れ方にはちょっとした配慮が必要。脱脂粉乳、グラニュー糖、トレハロース、乳化安定剤の粉末類をよく混ぜ合わせてから入れると、ダマになりにくい。

ベースミックスで作る基本アイス

ホワイトベースで作るミルクアイス（フィオルディラッテ）

MILK ICE MADE OF WHITE BASE

〈材料〉

ホワイトベース……1000g

合計1000g

〈作り方〉

ホワイトベースをアイスクリームフリーザーに入れる。

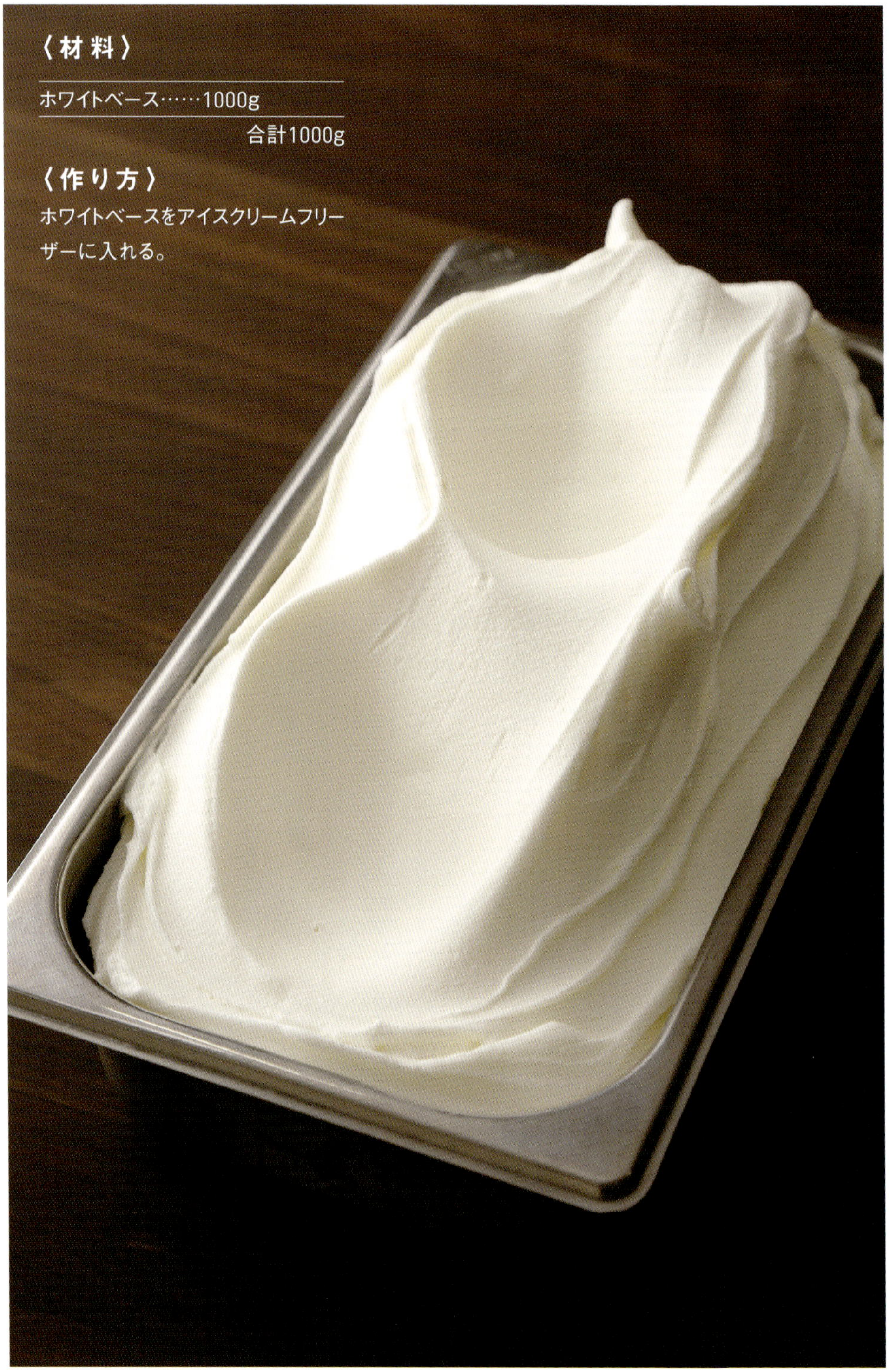

ここで紹介するのは、13ページのベースミックスを使った「基本アイス」です。ジェラートのアイスクリームは、ベースミックスと各種材料を合わせることで多彩な味わいになりますが、ホワイトベースやイエローベースだけでも、おいしい「基本アイス」を作ることができます。

紹介する2品は、ホワイトベースのみをアイスクリームフリーザーに入れて作った「ミルクアイス」と、ほぼイエローベースのみを使いながら、バニラビーンズの香りを加えた「バニラアイス」。万人に親しまれる、まさに基本のアイスです。

「ミルクアイス」は、ベースミックスをアイスクリームフリーザーに入れるだけで完成。ミルキーな味わいをストレートに味わえる。

イエローベースで作るバニラアイス

VANILLA ICE MADE OF YELLOW BASE

〈材料〉

イエローベース……930g
牛乳……70g
バニラビーンズ……0.5本
合計1000g（バニラビーンズは除く）

〈作り方〉

①バニラビーンズを半分に裂き、牛乳と一緒に鍋に入れ、煮出して漉す。
②イエローベースと①を混ぜ、アイスクリームフリーザーに入れる。

ベースミックスのその他のレシピ例

ベースミックスのレシピは、〝目指すおいしさ〟によって材料や分量は変わってきます。13ページで紹介したベースミックスのレシピは、ほどよいコク、ミルキーさ、甘さ、なめらかさを工夫していますが、「よりミルキーにしたい」、「よりコクを増したい」…といった〝目指すおいしさ〟に合わせてアレンジが可能です。ここで紹介するのは、そのレシピ例です。

例えば、13ページのレシピでは使用しなかった脱脂濃縮乳を使用したベースミックスを紹介しました。脱脂濃縮乳は流通が多くはなく、原価は少し高くなりますが、使用すれば「より自然なミルキーさ」を出せます。さらに、もう一つの例としては生クリームをたっぷり使ってコクを増したベースミックスも紹介します。

また、糖類も何を使うかによって甘さや口当たりが変わります。ここで紹介するベースミックスのレシピでは、水アメを使うことで、よりなめらかな口当たりも意識しました。

自然な
ミルキーさ

example 1　脱脂濃縮乳を使ったレシピ例

脱脂粉乳は使わず、脱脂濃縮乳を使ったレシピ。脱脂濃縮乳は、牛乳から乳脂肪分を除去して濃縮したもので、「より自然なミルキーさ」を出すことができます。

イエローベース

〈材料〉

牛乳…495g　生クリーム…95g
脱脂濃縮乳…180g
冷凍卵黄（20％加糖）…37g
水アメ（ハローデックス）…50g
グラニュー糖…103g　乳化安定剤…10g
トレハロース…30g

合計1000g

〈作り方〉

①牛乳、生クリーム、脱脂濃縮乳をパステライザーに入れる（※40℃までは低速撹拌で設定する。40℃まで低速撹拌のスピード設定ができない場合は、40℃になってから生クリームを入れる）。

②40℃になったら、よく混ぜ合わせておいたグラニュー糖、トレハロース、乳化安定剤を入れ、続いて水アメを入れる（※イエローベースは、解凍しておいた卵黄も入れる）。

ホワイトベース

〈材料〉

牛乳…490g　生クリーム…130g
脱脂濃縮乳…180g
水アメ（ハローデックス）…50g
グラニュー糖…110g　乳化安定剤…10g
トレハロース…30g

合計1000g

※乳化安定剤の使用量は、12ページの注釈を参照

水アメ

水アメは、ジェラートに使われる糖類の一つ。口当たりをよくするなどの効果がある。本書で使用している水アメは㈱林原の「ハローデックス」。

濃厚な
コクが魅力

example 2 生クリームをたっぷり使用したレシピ例

生クリームをたっぷりと使った「高脂肪タイプ」(乳脂肪分15%)のベースミックスのレシピ例です。生クリームの濃厚なコクが魅力です。

〈作り方〉

①牛乳、生クリーム、脱脂濃縮乳をパステライザーに入れる(※40℃までは低速撹拌で設定する。40℃まで低速撹拌のスピード設定ができない場合は、40℃になってから生クリームを入れる)。
②40℃になったら、よく混ぜ合わせておいたグラニュー糖、トレハロース、乳化安定剤を入れ、続いて水アメ、解凍しておいた卵黄を入れる。最後に割いたバニラビーンズを網かごに入れ、パステライザーの中に吊るして煮だす。(※網かごは撹拌羽根に絡まないよう十分に注意すること。尚、パステライザーで仕込む場合はバニラの風味が出やすいので、バニラビーンズを少なめの0.2本(1000g当たり)にしている。また、殺菌温度設定は高温殺菌の85℃にすると、卵臭をマイルドに感じさせることができる)

〈材料〉

- 牛乳…243g
- 生クリーム…315g
- 脱脂濃縮乳…245g
- 冷凍卵黄(20%加糖)………37g
- グラニュー糖…90g
- トレハロース…20g
- 水アメ(ハローデックス)…40g
- 乳化安定剤…10g
- バニラビーンズ…(0.2本)

合計1000g(バニラビーンズは除く)

※乳化安定剤の使用量は、12ページの注釈を参照

ココア
パウダー

example 3 「チョコレートベース」のレシピ例

ココアパウダーを使ったベースミックスで、いろいろなチョコレートアイスのベースとして使うことができます。

〈作り方〉

①牛乳、生クリームをパステライザーに入れる(※40℃までは低速撹拌で設定する。40℃まで低速撹拌のスピード設定ができない場合は、40℃になってから生クリームを入れる)。
②40℃になったら、よく混ぜ合わせておいた脱脂粉乳、ココアパウダー、グラニュー糖、トレハロース、乳化安定剤を入れ、続いて水アメを入れる。(※殺菌温度設定は高温殺菌の85℃にするとカカオの風味が出ておいしくなる)

〈材料〉

- 牛乳…655g
- 生クリーム…80g
- 脱脂粉乳…20g
- ココアパウダー…55g
- グラニュー糖…110g
- トレハロース…30g
- 水アメ(ハローデックス)…40g
- 乳化安定剤…10g

合計1000g

※乳化安定剤の使用量は、12ページの注釈を参照

リッチな味わい

example 4 レストラン・カフェに特におすすめの「クレーマバニラベース」

「クレーマバニラベース」は、卵黄をたっぷりと使っているのが特徴です。卵黄の風味を生かしたちょっとリッチな味わいは、カフェやレストランのデザートにも特におすすめなので、手鍋で作る手順を紹介します。

〈作り方〉※手鍋を使用

①バニラビーンズを横に裂いて、スプーンで中のビーンズをかきだしておく。

②ボールに脱脂粉乳、トレハロース、乳化安定剤を入れて、よく混ぜておく。

③卵黄とグラニュー糖を白っぽくなるまでホイッパーでよく混ぜておく。

〈材料〉

- 牛乳…634g
- 生クリーム…70g
- 卵黄…100g
- 脱脂粉乳…30g
- グラニュー糖…120g
- トレハロース…40g
- 乳化安定剤…6g
- バニラービーンズ…0.5本

合計1000g（バニラビーンズは除く）

※乳化安定剤の使用量は、12ページの注釈を参照

卵は白身を丁寧に取り除く

使用する卵黄は、白身を丁寧に取り除くことが大切。レシピにある「100g」という卵黄の分量は、白身がしっかりと取り除かれている状態の分量。白身がしっかりと取り除かれていないと、分量に誤差が出てしまうことにもなる。

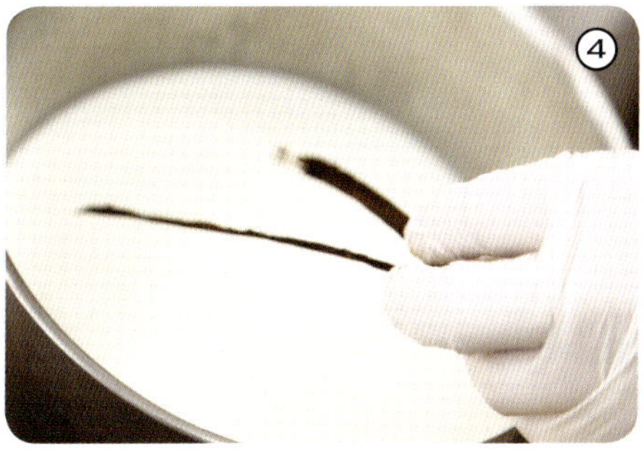

④鍋に牛乳と①のバニラビーンズを入れ、40度まで温める。

⑤バニラビーンズのサヤを取り出し、②と一緒にミキサーに入れて、よく混ぜ合わせる。

⑥鍋に⑤を戻し、80℃まで温めて濾す。

⑦③と⑥を合わせる。③を混ぜながら、そこに⑥を少しずつ入れていく。

⑧⑦に生クリームを加え、弱火で80℃まで温める。火を止め、冷やして完成。

クレーマバニラベースで作ったアイス

「クレーマバニラベース」で作ったアイスはコクがあって風味もよいので、そのままシンプルに提供しても喜ばれるでしょう。フルーツを飾ったり、チョコレートソースなどを添えても魅力的なデザートになります。

「水分と固形分のバランス」と「糖分の割合」

Point 1
「水分」と「固形分」のバランス

アイス（ベースミックス使用）は、このバランスが基本になる

この数値が基本になる。下の表に記したのがアイスの主な固形分で、それぞれの量にも目安となる数値がある。

固形分　水分

32%～42%　58%～68%

アイス（ベースミックス使用）の固形分の内容例

固形分の分類	食品名	固形分量の目安	
		最少	最多
糖　分	□グラニュー糖　□ブドウ糖 □トレハロース　□水アメ	16%	22%
脂肪分	□牛乳、生クリームに含まれる脂肪分 □卵黄に含まれる脂肪分　□バター	6%	12%
無脂乳固形分	□脱脂粉乳　□脱脂濃縮乳 □牛乳、生クリーム、練乳などに含まれる無脂乳固形分	8%	12%
その他の固形分	□食品に含まれる固形分 □乳化剤　□安定剤	0%	5%

シャーベットはこのバランスが基本になる

主に水、糖類、フルーツで作るシャーベットの固形分はほとんどが糖分で、このバランスが基本になる。

固形分　水分

26%～34%　66%～74%

Point 2
全体に占める「糖分」の割合

「糖分」の割合で氷結晶の大きさなども変わる

糖分の割合が	少ない	多い
□甘味・風味	弱くなる	強くなる
□氷点温度	高くなる	低くなる
□氷結晶	大きくなる	小さくなる
□ツヤ	出にくい	出やすい

「糖分の割合」よって、甘さだけでなく、氷点温度や氷結晶の大きさが変わる。ジェラートづくりでは「糖類の使い方」が重要なポイントになる。

ここからは、特に大切な知識である「水分と固形分のバランス」と「糖分の割合」について解説します。

8〜9ページでも解説したように、ジェラートのおいしさは「素材の品質」が大切ですが、いくら味がよくても食べた時の口当たりがよくなければ、おいしいジェラートとは言えません。その点で、ジェラートづくりにおいては、「水分と固形分のバランス」が重要で、中でも「糖分の割合」に関する知識がとても大切になります。

まずジェラートのアイスは、水分を58〜68%、固形分を32〜42%の範囲で作るのが基本になります。水分が68%よりも多くなると氷結晶が大きくなり、シャリシャリとしたアイスになってしまいます。

逆に水分が58%より少なくなると、ねっとりした感じの重いアイスになってしまいます。そうならないように、アイスのレシピは、20ページの表にも掲載した糖分や脂肪分、無脂乳固形分などの固形分の分量を計算しながら作成します（22ページに計算例を紹介）。

一方、シャーベットの「水分と固形分のバランス」は、水分が66〜74%、固形分が26〜34%です。ベースミックスを使うアイスは脂肪分や無脂乳固形分が入りますが、主に水、糖類、フルーツで作るシャーベットの固形分はほとんどが糖分で、このバランスが基本になります。

そして、ジェラートの材料の固形分の中でも、仕上がりに特に影響を与えるのが「糖分」です。材料全体に占める「糖分の割合」よって、甘さだけでなく、氷点温度や氷結晶の大きさが変わるため、口当たりのよいジェラートを作るための大きなポイントになります。「糖分の割合」については、24ページの「糖類の使い方の知識」や26ページの「フルーツの使い方の知識」の中でも、関連する重要知識を解説しています。

また、糖分以外の「固形分」にも、それぞれの役割があります。まず、「脂肪分」は、風味やコクを与え、冷たさを緩和する役割も果たします。「無脂乳固形分」は、牛乳の中の脂肪分と水分を取り除いた固形分（脱脂粉乳）のことで、ミルキーな風味を出す役割を果たしています。

「その他の固形分」は、食品の中に含まれるミネラルやビタミン、食物繊維と食品添加物（乳化剤、安定材等）などです。尚、「乳化剤」「安定剤」については基本知識を29ページで解説しています。

ベースミックスの固形分の計算例

(1) 糖分の算出方法

グラニュー糖　115g×糖分100%÷合計1000g×百分率100=11.50%
トレハロース　45g×糖分 90%÷合計1000g×百分率100= 4.05%
乳化安定剤　10g×糖分 50%÷合計1000g×百分率100= 0.50%

16.05%

(2) 脂肪分の算出方法

牛乳(3.5%)　680g×乳脂肪分3.5%÷合計1000g×百分率100≒2.38%
生クリーム(45%)　120g× 乳脂肪分 45%÷合計1000g×百分率100=5.40%
脱脂粉乳(1%)　30g×乳脂肪分 1%÷合計1000g×百分率100=0.03%

7.81%

(3) 無脂乳固形分の算出方法

牛乳(8.3%)　680g×無脂乳固形分8.3%÷合計1000g×百分率100=5.64%
生クリーム(5%)　120g×無脂乳固形分 5%÷合計1000g×百分率100=0.60%
脱脂粉乳(95%)　30g×無脂乳固形分 95%÷合計1000g×百分率100=2.85%

9.09%

(4) その他の固形分

乳化安定剤　10g×他の固形分50%÷合計1000g×百分率100=0.5%

0.5%

(5) 固形分合計 (1)+(2)+(3)+(4)

糖分　16.05%
脂肪分　7.81%
無脂乳固形分　9.09%
その他の固形分　0.5%

合計 33.45%

(6) 水分率 100%−(5)

100%−固形分合計(33.45%)=66.55%

合計 66.55%

13ページで紹介したベースミックスの「ホワイトベース」を例に、固形分の計算例を紹介します。細かい数字になりますが、材料ごとに計算していけば、固形分の合計量を算出できます。尚、糖分の「トレハロース」については、24ページの「糖類の使い方の知識」でも解説しているように、約10%の水分が含まれているので、「×90%」で固形分の量を算出しています。「脱脂粉乳」は、「乳脂肪分」を1%、「無脂乳固形分」を95%で計算しています。また、本書で使用している「乳化安定剤」は計量しやすくするために糖分などを加えているものであることから、それに合わせて固形分を計算しています。尚、このベースミックスと各種材料を合わせて作るアイスの多くは、脂肪分が5〜6%になります。

例) 13ページのホワイトベースの材料

牛乳(乳脂肪分3.5%、無脂乳固形分8.3%)……680g
生クリーム(乳脂肪分45%、無脂乳固形分5%)……120g
脱脂粉乳……30g
グラニュー糖……115g
トレハロース……45g
乳化安定剤……10g

合計1000g

パソコンのExcel表計算を使った計算例

パソコンのExcel表計算を活用することで、計算の手間を省くこともできます。上手く活用すれば、それほど時間をかけずに固形分の分量を計算できるようになります。

材料	分量	水分	糖分	乳脂肪分	他の脂肪分	無脂乳固形分	他の固形分	固形分合計
牛乳(3.5%、8.3%)	680.0	599.8	0.0	23.8	0.0	56.4	0.0	80.2
生クリーム(45%、5%)	120.0	60.0	0.0	54.0	0.0	6.0	0.0	60.0
脱脂粉乳	30.0	1.2	0.0	0.3	0.0	28.5	0.0	28.8
グラニュー糖	115.0	0.0	115.0	0.0	0.0	0.0	0.0	115.0
トレハロース	45.0	4.5	40.5	0.0	0.0	0.0	0.0	40.5
乳化安定剤	10.0	0.0	5.0	0.0	0.0	0.0	5.0	10.0
合計	1000.0	665.5	160.5	78.1	0.0	90.9	5.0	334.5
100.0%	100.0%	66.55%	16.05%	7.81%	0.0%	9.09%	0.5%	33.45%

「オーバーラン」の知識

「空気の取り込み量」を、専門用語で「オーバーラン」と言います。オーバーランの計算方法は、下の図に記した「重量からの計算方法」があります。例えば「材料の総重量」が1000gで、できあがったジェラートが同じ容量の容器に入れて770gだった場合、1000－770＝230。230÷770＝0.298…となり、オーバーランは約30％となります。このオーバーランの数値が高いと、「軽い仕上がり」になります。

例えば、分かりやすいのはソフトクリームです。ソフトクリームのオーバーランは40〜60％の高い数値で、ふわっとした「軽い仕上がり」です。一方、ジェラートのオーバーランは30％前後で、アイスクリーム類の中では低オーバーランの部類に入ります。低オーバーランであることが、ジェラートの「密度の濃い、なめらか」な口当たりにつながっています。

では、オーバーランの数値は、どんな要因によって変化するのか。その主な要因は、「材料」と「でき上がりの温度」です。まず基本的には、水分に固形分が入ることで、その固形分が空気を取り込む役割を果たしますが、材料によっては、オーバーランを助けやすいものと、妨げやすいものがあります。例えば、オーバーランを助けやすい材料としては、脱脂粉乳や卵黄などがあります。妨げやすい材料は、油分を多く含む食材や、糖分を多く含む食材などです。オーバーランを助けやすい脱脂粉乳も、量が多過ぎるとオーバーランを妨げることもあるように、どの材料も「適量」であることが大切であることを踏まえて、オーバーランを助けやすいものと妨げやすいものがあることを頭に入れておくとよいでしょう。

一方、「でき上がりの温度」は、下の図で「オーバーランの推移例」をグラフにしました。これは、あくまで一例ですが、材料が柔らかい状態の時は空気を取り込みやすく、冷えて固まってくると今度は空気を追い出すため、「でき上がりの温度」によってオーバーランの数値が変わります。

オーバーランの計算方法（重量からの算出方法）

$$\frac{\text{a:材料の総重量} - \text{b:完成したジェラートの重量}}{\text{完成したジェラートの重量}} \times 100 = \text{オーバーラン}$$

※aとbは、同じ容量の容器に入れて比較した重量

オーバーランの推移例

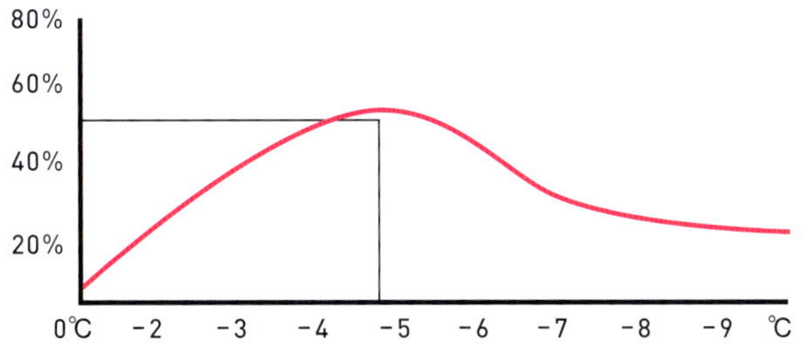

〈オーバーランを助けやすい材料〉

- □卵黄
- □安定剤
- □脱脂粉乳 etc.

〈オーバーランを妨げやすい材料〉

- □油を多く含む食材（ナッツペースト、チョコレートペースト等）
- □糖分が多く含まれる食材 etc.

糖類の使い方の知識

糖類はただ甘くするだけの材料と考えがちですが、決してそうではありません。糖類の役割をまず説明します。

①甘みをつける…アイスやシャーベットは冷たい状態で食べるため、甘みを感じにくくなりますが、糖類によっておいしさを感じやすい甘さにします。

②氷点温度を下げる…21ページでも解説しましたが、糖類を加えることで氷点温度が下がります。水は0℃で凍結しますが、砂糖水はさらに温度を下げないと凍らなくなります。

③氷結晶を小さくする…水を凍らすと水の分子が固く結びついて大きな結晶になり、砂糖水を凍らすと氷の結晶の周りを砂糖水が包み、小さな結晶になります。糖分が多くなるほど氷結晶は小さくなって組織が安定し、仕上がりがなめらかになります。逆に糖分が少な過ぎると、なめらかな仕上がりにはなりません。

④風味を引き立たせる…糖類はフルーツ類などのフレーバーを引き立たせる役割も果たします。例えば、果汁100%のオレンジジュースを同量の水で割って飲むと風味が弱くなりますが、そこに砂糖を加えて甘みを増すと、薄まっているオレンジの風味も強く感じられます。

このように糖類は大きな役割を果たします。ただし、糖類を入れ過ぎると「甘ったるい」「しつこい」といったネガティブな要素も出てきます。そこで、グラニュー糖の一部を他の糖類に「置きかえる」ことが重要なテクニックになります。甘さを抑えたいからといって、単にグラニュー糖を減らして糖分が少なくなり過ぎると、なめらかになりませんが、甘味度が低い糖類を活用すれば、糖分を減らすことなく甘さを抑えることができるのです。

グラニュー糖と、他の糖類の甘味度を比較したのが下の表です。そして、「シャーベットのレシピ例」を元に、トレハロースを使って糖分の量を変えずに甘味を下げる際の計算例も25ページに紹介しました。グラニュー糖以外にどんな糖類を、どれくらい使うのか。それは目指す味わいでも変わるので、糖類の使い方は特に知識を深めることをおすすめします。

糖類の甘味度

品名	水分	糖分（固形分）	甘味度（砂糖を100としたときの固形分当りの値）
グラニュー糖	0%	100%	100
トレハロース	10%	90%	38
水アメ（ハローデックス）	28%	72%	27
ブドウ糖	9%	91%	61

本書ではグラニュー糖以外の糖類として、トレハロース（トレハ／㈱林原）と「水アメ」（ハローデックス／㈱林原）を使用。トレハロースは約10%、ハローデックスは約28%の水分を含んでいる。グラニュー糖の甘味度を「100」とした場合、トレハロースの甘味度は「38」、ハローデックスの甘味度は「27」と低いことから、グラニュー糖の一部を、これらに置きかえることで、糖分を減らすことなく甘味を下げている。また、糖類の使い方としては、「クリーンな甘味でキレもよい」グラニュー糖を7割くらい使用し、残りの3割くらいを他の糖類に置きかえるという考え方を基本にしている。そして、トレハロースは「甘味度が低く、キレもよい」ことから使用。トレハロースは、保水力が強いなど、他にも優れた特性を備えている。ハローデックスは、「甘味度がとても低く、一般的な水アメよりもキレがよく、トレハロースの糖化結晶を抑え、適度な粘性もある」ことから使用している。

糖分量を変えずに甘味を下げる

例・トレハロースを使って糖類の甘味を85%に下げる

アフター

シャーベットのレシピ例（総量1000gに対して糖分270g・甘味230）

材料	使用量	糖分量
①リンゴ	400g	56g リンゴの糖分量14%
②レモン	10g	1g レモンの糖分量0.76%
③安定剤	10g	5g 糖分混合量50%
④グラニュー糖	143g	143g（甘味143） グラニュー糖の糖分量 100%
⑤トレハロース	72g	65g（甘味25） トレハロースの糖分量 90%
⑥水	365g	0g 0%
合計量	1000g	270g（甘味230） 糖分合計（甘味合計）

ビフォー

シャーベットのレシピ例（総量1000gに対して糖分270g・甘味270）

材料	使用量	糖分量
①リンゴ	400g	56g リンゴの糖分量14%
②レモン	10g	1g レモンの糖分量0.76%
③安定剤	10g	5g 糖分混合量50%
④グラニュー糖	208g	208g（甘味208） グラニュー糖の糖分量 100%
⑤水	372g	0g 0%
合計量	1000g	270g（甘味270） 糖分合計（甘味合計）

グラニュー糖の一部を、トレハロースに置きかえたことで、ビフォーとアフターのレシピでは、糖分の量を変えずに甘味を「270」から「230」に下げた。下に紹介しているのは、糖類の甘味を何%にしたいかという数値に合わせて、グラニュー糖と、置きかえる糖類のそれぞれの使用量を算出する計算式の例。尚、トレハロースは水分を含むので、その分、アフターのレシピでは材料の「水」の分量が減っている（372g→365g）。

計算式の例

	水分	糖分	甘味度
グラニュー糖	0%	100%	100
トレハロース	10%	90%	38

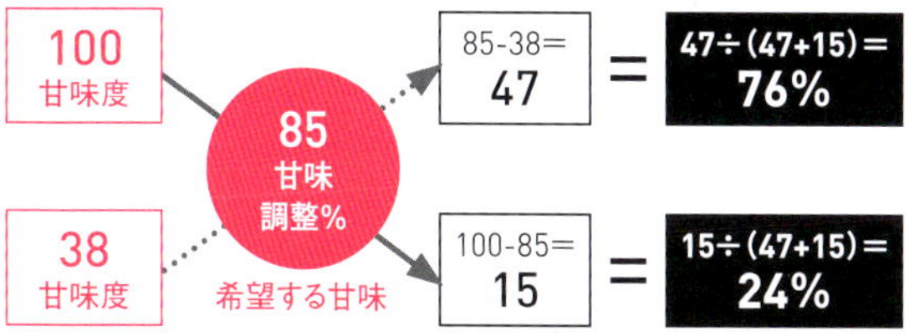

	元の糖分量と使用量率		使用量率に対する糖分量		使用量と甘味	
	糖分量	使用量率	糖分量 糖分合計×使用量率	水分量率	加える糖の使用量	甘味
グラニュー糖	208g	76%	270×76%=205g	0%	205g-62g=143g （糖分量−フルーツと安定剤の糖分量）	143
トレハロース		24%	270×24%=65g	10%	65g÷(100%-10%)=72g （水分量率から使用量を計算）	25
フルーツと安定剤に含まれる糖分量	62g					62
合計	270g					230

フルーツの使い方（フルーツシャーベット）の知識

ジェラートでは様々なフルーツを使います。特にシャーベットの多くは、フルーツを使って作ります。それだけに、フルーツの使い方の知識も重要になります。ここでは、「フルーツシャーベット」のフルーツの使い方の知識を中心に解説します。

まず、フルーツシャーベットを作る際、フルーツの使用量は、「それぞれのフルーツの風味や香りの強さ」によって決めるのが基本になります。

例えば、レモンは少量を口にしただけでも強い酸っぱさを感じます。それだけ風味が強いので、材料の全体量に占める使用量の割合は少なくします。「レモンシャーベット」に使用するレモン果汁の使用量の目安は15〜20%。全体量が1000gであれば150g〜200gです。

一方、イチゴやメロンなどは、レモンに比べれば風味（特に酸味）はそれほど強くありません。そこで、使用量は多くなります。目安はともに30〜40%で、全体量が1000gであれば、300〜400gを使用します。

フルーツの使用量は、風味や香りの強さで変える

フルーツの例	全体量に対する使用量の割合の目安
・レモン　・パッションフルーツ	15%〜20% （全体が1000gなら150g〜200g）
・キウイフルーツ　・パパイヤ ・マンゴー　・プラム	20%〜30% （全体が1000gなら200g〜300g）
・イチゴ　・オレンジ　・パイナップル ・モモ　・洋ナシ　・メロン	30%〜40% （全体が1000gなら300〜400g）
・スイカ	40%〜60% （全体が1000gなら400g〜600g）

フルーツ・野菜の糖度（糖分）の例

（※数値は目安の一つで、必ずこの数値に該当するとは限りません。）

- □トマト…5〜6%
- □イチゴ…8〜9%
- □レモン…7〜8%
- □パパイヤ…9%
- □スイカ…9〜12%
- □サツマイモ…8〜12%
- □モモ…10%
- □プラム…10%
- □グレープフルーツ…10〜11%
- □バレンシアオレンジ…10〜12%
- □ブルーベリー…11%
- □温州みかん…11〜14%
- □パイナップル…11%
- □日本なし…13%
- □メロン…13〜15%
- □キウイフルーツ…13〜16%
- □リンゴ…14%
- □洋なし…14〜15%
- □トウモロコシ…14〜17%
- □ぶどう…15〜20%
- □柿…15〜17%
- □マンゴー…17%
- □カボチャ…19〜20%
- □バナナ…22%

それだけの量を使用した方が、イチゴやメロンの風味をしっかりと感じられるシャーベットを作ることができるということです。

26ページの上の表は、いくつかのフルーツを例に、使用量の割合の目安をまとめたものです。もちろん、これはあくまでも目安で、どんな味わいを目指すかによってフルーツの使用量は変わってきますが、このように各フルーツの風味や香りの強さに合わせた「適量」があることを、知っておいていただければと思います。

そして、フルーツシャーベットを作る際は、もう一つ、重要なことがあります。「フルーツの糖度(糖分)によって、加糖する糖類の量を変える」ということです。20~21ページで解説したように、シャーベットの固形分(ほとんどが糖分)は26~34%の範囲内が基本ですが、フルーツはそれぞれに糖度(糖分)が異なります。26ページの下の表にまとめたように、糖度(糖分)が10%以下のものもあれば、20%前後のものもあります。そのため、シャーベットに使用するフルーツの糖度(糖分)に合わせて、加える糖類の分量を変えないと、糖分が少な過ぎたり、多過ぎたりしてしまうのです。

そこで、フルーツの糖度(糖分)が高い(多い)場合は、その分、加糖する糖類の量を減らし、逆にフルーツの糖度(糖分)が低い(少ない)場合は、その分、加糖する糖類の量を多くすることが基本になります。

このように、フルーツシャーベットでは、「フルーツの使用量は、風味や香りの強さで変える」、「フルーツの糖度(糖分)によって、加糖する糖類の量を変える」という2点が大切な知識になります。アイスにフルーツを使う場合も、同様のことを意識しますが、アイスの場合は、さらにベースミックスの材料とのバランスを考えながらフルーツや糖類の使用量を決めていきます。

尚、多くのフルーツは、糖分以外の固形分は3%前後です。例えばイチゴは水分が約90%、糖分が約7%、残りの3%が食物繊維などの固形分です。量は少ないですが、フルーツに糖分以外の固形分も含まれていることは頭に入れておく必要があります。

また、本書で紹介するフルーツシャーベットのほとんどは、少量のレモン果汁を使用しています。シャーベットは水を使って作るので、水で薄まったフルーツの酸味を補うためにレモン果汁を加えています。

フルーツの糖度(糖分)によって、加糖する糖類の量を変える

フルーツの糖度が高い(糖分が多い) ▶ **加糖する糖類の量を少なくする**

フルーツの糖度が低い(糖分が少ない) ▶ **加糖する糖類の量を多くする**

フルーツを使ったシャーベットの糖分の調整例

メロンシャーベット

〈材料〉

メロン果肉(生)	400g
レモン果汁	10g
グラニュー糖	134g
トレハロース	22g
水アメ	38g
安定剤	20g
水	176g
牛乳	200g
	合計1000g

メロンの使用量の割合の目安は「30~40%」で、このレシピでは400gを使用。メロンは「13~15%」の糖度(糖分)があることを踏まえて、グラニュー糖、トレハロース、水アメは計194g使用。

イチゴシャーベット

〈材料〉

イチゴ(生)	400g
レモン果汁	20g
グラニュー糖	165g
トレハロース	27g
水アメ	48g
安定剤	20g
水	320g
	合計1000g

イチゴの使用量の割合の目安は「30~40%」で、このレシピでは400gを使用。イチゴの糖度(糖分)は「8~9%」と低いことから、グラニュー糖、トレハロース、水アメを計240g加えて糖分を調整。

材料・機器etc.のその他の大切な知識

基本知識の最後に、ジェラートの材料・機器に関する「その他の大切な知識」で、特にお伝えしておきたい点を、いくつか解説したいと思います。

アイスクリームの主原料、「牛乳」の知識を深めよう

まずジェラートのアイスの主原料は牛乳です。ジェラートづくりに取り組む際は、牛乳についての知識を深めることをおすすめします。

「牛乳」と一口に言っても、実際には左の表にまとめたように多様なタイプがあります。

また、牛乳は「殺菌」の仕方によって味わいが異なります。殺菌には主に以下の方法があります。

一つは生乳の中の菌をすべて殺して、無菌状態にするロングライフという超高温滅菌殺菌法。他は、最低限の加熱で菌数を基準以下にする超高温殺菌法、高温短時間殺菌法、そして低温長時間殺菌法です。飲み比べるなどして味の違いを知り、牛乳を選ぶ際の参考にしていただければと思います。

牛乳の分類

生乳	牛から絞ったままの無殺菌の乳
牛乳	生乳を加熱殺菌したもの（乳脂肪分は3％以上、無脂乳固形分は8％以上）
成分調整牛乳	牛乳から乳脂肪の一部を除去、または水分の一部を除去して濃くしたもの
低脂肪牛乳	乳脂肪分が0.5％以上1.5％以下のもの
無脂肪牛乳	乳脂肪分0.5％未満のもの
加工乳	乳製品を原料に、成分を増やしているもの
乳飲料	乳製品を主原料に乳製品以外の原料も加えているもの

「フルーツ」の熟度と、生・冷凍・ピューレについて

9ページの「ジェラートのおいしさの要素」で紹介した「フルーツの使用時期」についても、ここでもう少し説明したいと思います。同時にフルーツは、「生」だけでなく「冷凍」や「ピューレ」も使用するので、その点についても説明します。

まず、「フルーツの使用時期」ですが、分かりやすい例として、バナナの熟度による味の違いを、イラストとともに下に紹介しました。適度に熟したバナナは風味のバランスがよく、逆に、まだ熟していないバナナや、熟し過ぎているバナナは風味が劣りま

「バナナ」の熟度による風味の違い

まだ熟していないバナナ

熟していないバナナは、甘みや香りが弱く、青臭さがある。酸味もやや強い。バナナのおいしい風味を感じにくい。

適度に熟したバナナ

適度に熟したバナナは甘さ、柔らかさ、香りの強さなどのバランスがよい。尚、バナナは適度に熟すと、酸味はなくなってくる。

熟し過ぎているバナナ

熟し過ぎているバナナは、甘みがかなり強い。香りも強いが発酵臭が残り、後味が悪い。バナナの固さも、柔らか過ぎる。

す。こうした熟度による風味の違いが、おいしさを大きく左右するのがジェラートです。フルーツを使う際は、熟度による風味の違いに配慮することが必要です。

一方、フルーツの「生」「冷凍」「ピューレ」については、左にそれぞれの特性をまとめました。簡便性や保存性を考慮して「冷凍」や「ピューレ」も活用しますが、例えば「冷凍」は保存の際に霜がつきやすく乾燥しやすい、「ピューレ」は糖分調整や加糖されているものがあるなど、それぞれの特性を踏まえて活用することが大切です。

フルーツの主な形態

ピューレ

「冷凍」と「常温」のピューレがある。完全加熱殺菌された「常温」はジャムに近い味。糖分調整、加糖されたものもあるので、その点を踏まえて使用。

冷凍

冷凍なので、ロスが出にくい。冷凍保存の際は、霜が付き、乾燥しやすいので注意が必要。「ホール」と「カット」の冷凍フルーツがある。

生

生のフルーツのおいしさは大きな魅力になる。ただし、傷みやすいフルーツも多いため、一度に仕入れる量の調整などが大切。

ジェラートにおける「乳化剤」「安定剤」の役割

ジェラートの材料として、これまでの解説で登場した「乳化剤」「安定剤」についても、ここで知識を補足しておきたいと思います。

まず乳化剤は、アイスの脂肪を細かく分解、均一にして、水と油脂を混ざりやすくしてくれる役割を果たします。アイスに使われる乳化剤としては、動物性脂肪から作られる「グリセリン脂肪酸エステル」や、卵黄や大豆から抽出される「レシチン」が一般的です。

一方、安定剤は、粘度を付けることで、それぞれの物質をつなぎ、分離を防ぐことで、よりなめらかな仕上がりにする効果があります。アイスやシャーベットに使われる安定剤は、種子から抽出された「ローカストビンガム」などがあり、他に寒天やゼラチンなどが代表的です。

尚、乳化剤や安定剤には、ブドウ糖などが混ぜられているものもあります。これは、仮に乳化剤や安定剤のみを使用したとすると、その使用量は材料全体の0.2%〜0.5%程度と非常に少量になり、使用する際に分量の計り間違いなどが起きやすいためです。ブドウ糖などを加えて一定量にすることで、計り間違いなどが起きにくくしています。

品質や生産性を向上する「ショックフリーザー」

ジェラートは、パステライザーとアイスクリームフリーザーを使って作りますが、もう一つ、大事な機器があります。それが「ショックフリーザー」です。ショックフリーザーの瞬時の凍結機能が、でき上がったジェ

ショックフリーザー

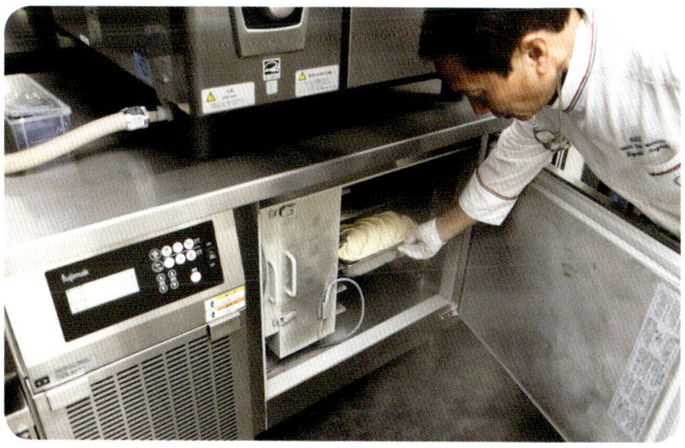

「ショックフリーザー」は、ジェラートの品質安定や長時間保存に大きな効果を発揮する。写真のショックフリーザーは㈱フジマック製。

ショートタイムショック	作りたてのジェラートを5〜10分間、ショックフリーザーで急冷する。容器に取り出したジェラートの表面は溶け始めるが、STショックで柔らかくなった表面を瞬時凍結させることで、氷結晶を安定させ、空気の抜けによるへこみを防ぐ。
ミドルタイムショック	作りたてのジェラートを10〜20分間、ショックフリーザーで急冷する。MTショックでアイスの表面から2㎝程度を硬化させてから冷凍庫で保存する。硬化したジェラートはゆっくりと作りたての状態に戻ることから、長時間、品質を保持しやすくなる。
ロングタイムショック	作りたてのジェラートの芯温を−18℃程度に急冷する(約一時間)。芯まで硬化させることで氷結晶がより安定し、−20℃以下の冷凍庫で保存すれば、長期間、品質を維持できる。販売の際は、−10℃の冷凍庫で一晩かけてゆっくり戻してからショーケースに移す。

ラートの品質安定や長時間保存に大きな効果を発揮します。

その使用方法は、主に3つのパターンがあります。それが、29ページの表でも紹介した「ST（ショートタイム）ショック」、「MT（ミドルタイム）ショック」、「LT（ロングタイム）ショック」です。

「STショック」は、作りたてのジェラートを5～10分間、ショックフリーザーで急冷します。容器に取り出したジェラートは表面などが溶け始めますが、STショックで柔らかくなった表面を瞬時凍結させることで、氷結晶を安定させ、空気の抜けによるへこみを防ぎます。特にでき上がったアイスクリームにナッツやチョコレートペーストを混ぜる場合は、より溶けやすくなりますが、STショックによる瞬時凍結を行なえば、そうしたタイプのジェラートも品質劣化を防ぐことができます。

「MT（ミドルタイム）ショック」は、作りたてのジェラートを10～20分間、ショックフリーザーで急冷します。MTショックで表面から2cm程度を硬化させてから冷凍庫で保存するようにします。表面を硬化させたジェラートは、ゆっくりと作りたての状態に戻ることから、長時間、品質を保持しやすくなります。

ショーケースに並べるジェラートは、スパチェラと呼ばれるヘラを使って、よりおいしく、美しく見えるように表面の形状を整える。スパチェラで、いろいろなパターンの形状を工夫することができる。

例えば、同一のジェラートを、午前、午後と何回かに分けて作るのは効率がよくありません。そこで、MTショックで長時間の保存を可能にし、一度にまとめて作ることができるようにして生産性をアップします。

「LT（ロングタイム）ショック」は、作りたてのアイスの芯温をマイナス18℃程度に急冷します（約一時間）。芯まで硬化させることで氷結晶がより安定し、マイナス20℃以下の冷凍庫で保存すれば、より長い時間、品質を維持できます。販売する際には、マイナス10℃の冷凍庫で一晩かけてゆっくり戻してからショーケースに移します。

このように、3つのパターンの使用方法によって大きな効果があることから、ショックフリーザーの活用をおすすめします。

「スパチェラ」を使って ジェラートをより美しく

ジェラート専門店では、スパチェラと呼ばれるヘラを使って、でき上がったジェラートが、よりおいしく、美しく見えるように形状を整えます。スパチェラは、ジェラート専門店にとって、とても大事の道具の一つです。

ショーケースに並べる際のジェラートの表面の形状は、上の写真で紹介したように、いろいろなパターンがあります。スパチェラで、いろいろな形状にすることが可能です。31～32ページで盛り付け例を紹介した「カップ」や「コーン」での提供方法もそうですが、お客様により喜んでもらうには、ジェラートをよりおいしく、美しく見せる工夫も大切です。

しっかりとした衛生管理の元でジェラートづくりを！

材料や機器、道具についての知識を解説してきましたが、まず何よりも大事なことは「衛生管理」であることを忘れないようにしていただければと思います。

正しい手洗いの仕方などの基本を決して疎かにしないようにし、パステライザーやアイスクリームフリーザーを始めとした機器の洗浄殺菌などもきちんと行なうことが必須です。

しっかりとした衛生管理の元で、おいしいジェラートづくりに取り組んでいただければと思います。

ジェラートのカップの盛り付け例

盛り付け方で多彩な表情に

カップの盛り付け方は、下の写真のようにいろいろなパターンがあります。
盛り付け方によって、ジェラートの多彩な表情を楽しんでもらうことができます。

ジェラートのコーンの盛り付け例

美しさと楽しさを演出

コーンの提供は、ジェラートの色がより映えます。
コーンならではの美しい盛り付け、楽しい盛り付けが魅力になります。

注目製品が登場している業務用ベースミックスについて

基本知識の最後に、「業務用ベースミックス」についても紹介しておきたいと思います。

ベースミックスは、本書で紹介したレシピを参考に、自身が目指す味のホワイトベースやイエローベースを完成させていただければと考えていますが、中には「ベースミックスからアイスを作るのは難しい」という場合もあるかもしれません。

特にレストランやカフェでは、他のメニューの仕込みにも人手がかかることから、「もう少し作る手間を簡略化できれば…」と考えているお店もあるでしょう。

そうしたお店のために販売されているのが「業務用ベースミックス」です。業務用ベースミックスを活用すれば、計量や加熱殺菌の手間が不要となります。業務用ベースミックスと、フルーツ類を始めとしたフレーバーの材料をアイスクリームフリーザーに入れるだけで各種アイスを作ることができます。

実際に活用する場合は、いろんなフレーバーを使って試作し、製品のクオリティーや使いやすさなどを確かめてから、自店に合った業務用ベースミックスを選ぶと良いでしょう。業務用ベースミックスは、新たな注目製品も登場しているので、広く製品の情報を集めることをおすすめします。

手軽に使えて、クオリティーにもこだわった注目製品

例えば、日仏商事㈱が発売した「グラス アルチザナル フランセーズ トリコロール」(以下トリコロール)は、手軽に使える簡便性だけでなく、クオリティーにもこだわった業務用ベースミックスです。フランス語でアイスクリーム類全般を「GLACE(グラス)」と呼びますが、手軽に「本格的なグラス」を作ることができる製品です。

実際に試食する機会がありましたが、MOF(国家最高職人賞)グラシエによって作られたベースミックスは、甘さ一つとっても上質感があります。フランスからイメージされる「重い甘さ」ではなく、「キレのよい甘さ」で、日本人好みのテイストです。

ベースミックスの種類も卵黄が入っているものと、入っていないものが用意されており、合わせるフレーバーを工夫することでオリジナリティーを出すことができます。レストランで提供機会の多いバニラアイス用の製品や、ソルベ(シャーベット)用のベースもクオリティーが高く、本格志向のお店に適している注目製品です。

1 バニラアイス用の「グラス バニーユ」で作ったグラス
2 卵が入らないベースミックス「ベース ヌートル グラス オ フリュイ」+イチゴ
3 卵黄入りのベースミックス「ベース ヌートル グラス」+チョコレート
4 ソルベ用ベース「ベース ヌートル ソルベ」+ブラッドオレンジ

日仏商事㈱から発売された「トリコロール」の製品で作ったグラス(アイス)とソルベ(シャーベット)を試食。「グラス バニーユ」で作ったバニラアイスは、バニラの風味を際立たせた本格的な味わいで、ベースミックスはフルーツやチョコレートのフレーバーを引き立てる上質な甘さやミルキーさが特徴。ソルベ用ベースも、フルーツの持ち味を生かすことができる程よい甘さになっている。尚、同社は、フルーツの冷凍ピューレなど約50種類を扱っており、グラスとソルベを作る際の「トリコロール」とフレーバーの配合表も用意している。

CHAPTER 2

アイスのバリエーション

■原価について…完成したジェラートの100g当たりの原価の目安を表記しています。原価は使用する材料のグレードや仕入れ方法によって変わるため、あくまでも目安として参考にしてください。尚、完成したジェラートはオーバーランがあるので（空気を取り込んでいるので）、100gが120ml容器に入る分量になります。

■フルーツの洗浄・殺菌について…フルーツは洗浄・殺菌をしてから使用します。まず、薄めた中性洗剤をボールに作ってフルーツを入れ、スポンジなどでこすって洗浄し、流水でよくすすぎます。その後、次亜塩素酸ナトリウム200ppm溶液（濃度が6%の製品であれば水で300倍に薄めたもの）に洗浄したフルーツを5分間漬け込んで殺菌し、流水でよくすすぎます。皮や種の下処理は必要に応じて行なってください。尚、フルーツの分量は、皮や種を取る場合は、皮や種を取った状態の重量です。

バリエーション①

フルーツ（ベリー系）

最初に紹介するのはイチゴを始めとした「ベリー系」のアイス。ベースミックスのミルキーな味わいと、ベリー系の爽やかな風味をバランスよく調和させたアイスです。

イチゴミルク

STRAWBERRY MILK

ホワイトベース　原価 100g･80円台

「イチゴミルク」は特に人気が高いアイスです。イチゴをつぶし、砂糖と牛乳を混ぜて食べるのが好きな人が多いように、日本人に広く愛されるおいしさです。イチゴの種類によって味や色が変わるので、素材選びが特に大切です。

〈作り方〉

①イチゴと水アメを、ミキサーで混ぜ合わせる。
②ホワイトベースと①を混ぜ合わせ、アイスクリームフリーザーに入れる。
※飾りのイチゴは分量外。

〈材料〉

ホワイトベース…490g	
イチゴ（生又は冷凍ホール）…350g	
水アメ（ハローデックス）…160g	
	合計1000g

Memo

例えば、イチゴの中でも「あまおう」は、酸味も甘みも強めで味も濃く、香りもしっかり出ます。外も中も赤く、見た目も濃く仕上がります。

イチゴは他のフルーツのようにスポンジでこすって洗浄するのは難しいため、ヘタを取った後に、流水でよく洗って汚れを落としてから、次亜塩素酸ナトリウム200ppm溶液に5分間漬けて殺菌。流水でよくすすいでから使う。

Strawberry Milk

Blueberry Yogurt

ブルーベリーヨーグルト

BLUEBERRY YOGURT

ホワイトベース　原価 100g・50円台

フルーツと相性のよいヨーグルトを使って作ります。ブルーベリーとヨーグルトは特に相性がよく、体によい成分が多い点も魅力です。ヨーグルトは乳酸菌やカルシウム、ブルーベリーは目によいと言われるアントシアニンを含んでいます。

「ブルーベリーヨーグルト」は、きれいな紫色も魅力。カップに盛り付けた時の見た目の印象も強い。

〈材料〉

ホワイトベース…140g	
プレーンヨーグルト…450g	
冷凍ブルーベリーホール…200g	
レモン果汁…10g	
グラニュー糖…50g	
水アメ(ハローデックス)…150g	
	合計1000g

〈作り方〉

①冷凍ブルーベリーホールとレモン果汁、グラニュー糖、水アメを鍋で煮る。煮る時間は沸騰してから弱火で3分程度。

②粗熱を取った①とホワイトベース、プレーンヨーグルトをミキサーで混ぜ合わせ(a)、アイスクリームフリーザーに入れる。

※飾りのブルーベリーは分量外。

Memo

ブルーベリーを煮ることで殺菌ができ、紫色の発色もよくなります。一定の量をまとめて煮てから小分けし、真空包装で冷凍保存しておけば効率的です。

アマレナ
AMARENA

ホワイトベース　原価 100g・60円台

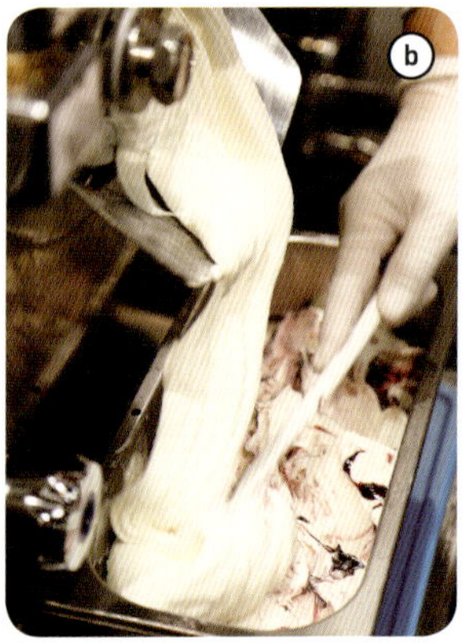

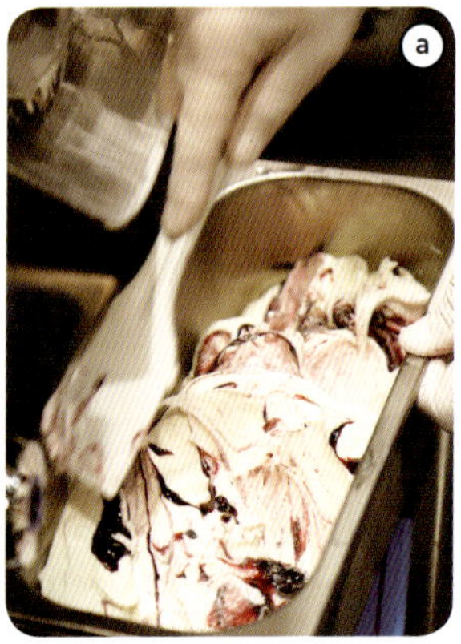

アマレナは、ワイルドチェリーをアマレナシロップに漬け込んだもの。アマレナのアイスは、イタリアでは子供から大人まで人気です。既製品を活用すれば、ベースミックスのミルクアイスに混ぜるだけで作ることができます。

Memo

「アマレナ」のように、商品によっては既製品のフレーバーも効果的に活用することで、ジェラートのバリエーションを広げやすくなります。

〈材料〉

ホワイトベース…940g
アマレナ（ワイルドチェリーのシロップ漬け）…60g
合計1000g

〈作り方〉

①アマレナのワイルドチェリーを4、5粒、除いておく。
②ホワイトベースをアイスクリームフリーザーに入れる。
③完成したアイスの1／3を容器に移し、アマレナの1／3をのせてざっくりと混ぜる。これを繰り返し（a、b）、仕上げに除いておいたワイルドチェリーの粒を飾る。

フルーツ系（ベリー類）のその他のレシピ

ブルーベリーマーブル
BLUEBERRY MARBLE

ホワイトベース　原価 100g・60円台

〈作り方〉

①ホワイトベースをアイスクリームフリーザーに入れる。
②完成したアイスの1／5を容器に移して平らにする。その上に、ブルーベリーペーストの1／5を平らにのばす。これを繰り返し、下の図のように仕上げる。

〈材料〉

ホワイトベース…950g
ブルーベリーペースト…50g
合計1000g

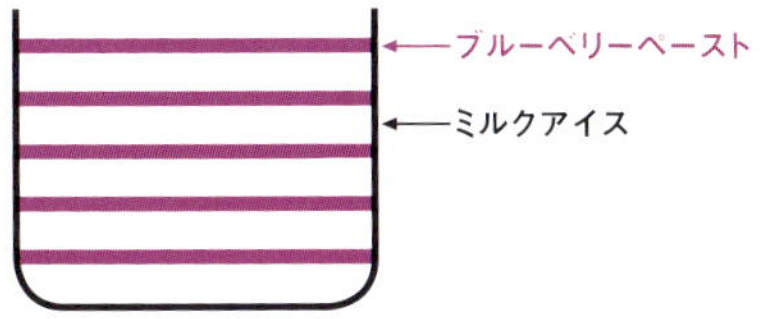

ラズベリーマーブル
RASPBERRY MARBLE

ホワイトベース　原価 100g・60円台

〈作り方〉

①ホワイトベースをアイスクリームフリーザーに入れる。
②完成したアイスの1／5を容器に移して平らにする。その上に、ラズベリーペーストの1／5を平らにのばす。これを繰り返し、仕上げる（上の「ブルーベリーマーブル」の図と同じように仕上げる）。

〈材料〉

ホワイトベース…950g
ラズベリーペースト…50g
合計1000g

ラズベリーミルク
RASPBERRY MILK

ホワイトベース　原価 100g・80円台

Memo

「マーブル」のアイスは、色違いの層を作ることで、見た目にも楽しい商品に仕上げます。「ラズベリーミルク」はきれいな赤紫色に仕上がります。

〈作り方〉

①すべての材料を、ミキサーで混ぜ合わせてアイスクリームフリーザーに入れる。

〈材料〉

ホワイトベース…670g
冷凍ラズベリーピューレ（10%加糖）…250g
水アメ（ハローデックス）…80g
合計1000g

ブルーベリーミルク

BLUEBERRY MILK

ホワイトベース　原価 100g・70円台

〈材料〉

ホワイトベース…740g	
冷凍ブルーベリーホール…200g	
グラニュー糖…30g	
水アメ(ハローデックス)…30g	
	合計1000g

〈作り方〉

①冷凍ブルーベリーホールとグラニュー糖、水アメを鍋で煮ておく。

②粗熱を取った①をミキサーにかけ、ホワイトベースと一緒にアイスクリームフリーザーに入れる。

ミルフィーユ

MILLE FEUILLE

ホワイトベース　原価 100g・70円台

〈材料〉

ホワイトベース…890g	
イチゴペースト…50g	
イチゴ(生)…60g	
パイ(又はクラッカー)…適量	
	合計1000g(パイは除く)

〈作り方〉

①36ページで紹介した方法で洗浄、殺菌したイチゴをスライスして、イチゴペーストと混ぜておく。

②ホワイトベースをアイスクリームフリーザーに入れる。完成したアイスの1／5を容器に移して平らにする。その上に、①とパイの1／5をのせて平らにのばす。これを繰り返し、下の図のように仕上げる。

Memo

「ミルフィーユ」はパイを使うことで食感にも変化が出ます。ジェラート専門店の一般的な容器の大きさで5層にする場合は、レシピの3倍量で作ります。

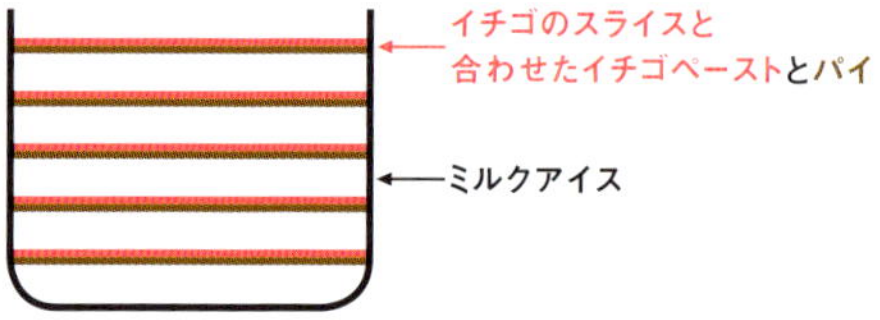

レストラン・カフェの盛り付け例①

ミルクアイス＋ベリー類で華やかに

ベリー類には色々な種類があります。ベースミックスで作ったミルクアイスと、多様なベリー類をきれいに盛り付けて提供すれば、魅力的な一皿になります。

バリエーション②

フルーツ(色々な果物)

ベリー系以外にも、色々なフルーツを使ったアイスがあります。それぞれのフルーツの持ち味が、ジェラートの多彩なおいしさを生み出します。

金柑アイス

KUMQUAT

ホワイトベース　原価 100g・40円台

金柑は宮崎や鹿児島で生産され、皮ごと食べておいしい柑橘類です。体によいと言われるスペリジンという成分が皮に含まれています。和のフルーツを使った魅力的なジェラートで、アイスに細かく混ざった金柑がおいしさを引き立てます。

Kumquat

Memo

金柑煮は、ミキサーで金柑の皮を均等な大きさに細かくしてから使います。金柑煮を作る際は、煮詰める際に焦がさないように注意しましょう。

〈材料〉

ホワイトベース…400g
金柑煮★…200g
牛乳…400g
合計1000g

〈作り方〉

①金柑煮をミキサーで細かくする(a)。牛乳をミキサーに入れてさらに混ぜ合わせる(b)。
②ホワイトベースと①をアイスクリームフリーザーに入れる(c)。
※飾りの金柑煮は分量外。

★金柑煮のレシピ

〈材料〉

金柑…500g
水…200g
グラニュー糖…500g
レモン果汁…100g
合計1300g(でき上がり約1000g)

〈作り方〉

①金柑を横半分に切って、種を取り除く(a)。
②鍋に①と水をいれ、柔らかくなるまで煮る(b)。煮ている間、アクをこまめに取る。
③②が柔らかくなってきたらグラニュー糖を入れ(c)、レモン果汁も加え、アクを細まめに取りながら、つやが出るまでさらに煮る(d)。煮詰めていくと、約1000gになる。

マンゴーミルク

MANGO MILK

ホワイトベース　原価 100g・70円台

マンゴーのアイスは日本で大人気です。マンゴーの濃密な甘さと爽やかな酸味が、アイスによく合います。マンゴーの鮮やかなイエローが見た目にもきれいで、女性を中心に広く支持されるジェラートです。

Memo

冷凍マンゴーピューレは、解凍後はすぐに使用するようにしましょう。飾りのマンゴーは、冷凍キューブマンゴーを活用することができます。

〈材料〉

ホワイトベース…800g
冷凍マンゴーピューレ（10%加糖）…200g
合計1000g

〈作り方〉

①冷凍マンゴーピューレを解凍する。
②①とホワイトベースをアイスクリームフリーザーに入れる。
※飾りのマンゴー（冷凍キューブマンゴー）は分量外

ラムレーズン

RUM RAISIN

イエローベース　原価 100g・50円台

ふっくらとしたレーズンの口当たりと、ラムの風味が心地よいアイスです。大人の男女に人気があります。ラムレーズン煮は、ドライレーズンを煮て柔らかくしてからラム酒を加えて、ふっくらとマイルドな味わいにします。

〈材料〉

イエローベース…700g	
ラムレーズン煮★…100g	
牛乳…200g	
	合計1000g

〈作り方〉

①ラムレーズン煮と牛乳を混ぜて漉す。
②①の漉した液と、漉した時に残ったレーズンの1／2を、イエローベースと一緒にアイスクリームフリーザーに入れる。
③完成したアイスを容器に取り出し、残りの1／2のレーズンを加えて混ぜる(a)。表面にレーズンを飾る。

Memo

少量のアルコール分を含むので、販売する際は、アルコール分を含むことを伝えるようにしましょう。ラムレーズン煮は、作ってから冷蔵保存で2〜3日置いた方が味が馴じみます。

a

★ラムレーズン煮のレシピ

〈材料〉

ドライレーズン…1000g	
水…1000g	
グラニュー糖…100g	
ラム酒…350g	
合計2450g(でき上がり約1950g)	

〈作り方〉

①ドライレーズンをサッと水洗いする。水と一緒に、鍋で柔らかくなるまで煮る。
②柔らかく煮えたらグラニュー糖を加える。
③火を止めて、ラム酒を加える。
④粗熱を取ったら容器に入れて冷蔵保存する。作ってから2〜3日置いた方が味が馴じむ。

バリエーション②

フルーツ（色々な果物）のその他のレシピ

オレンジマーマレード

ORANGE MARMALADE

ホワイトベース　原価 100g・50円台

〈作り方〉

①飾り用のオレンジマーマレードを20g程度残しておく。
②オレンジマーマレードと牛乳をミキサーに入れて、好みの大きさになるように撹拌する（粒を残す）。
③ホワイトベースと②をアイスクリームフリーザーに入れる。
④完成したアイスを容器に取り出して、①のマーマレードを飾る。

〈材料〉

ホワイトベース…550g
オレンジマーマレード★…150g
牛乳…300g
合計1000g

★オレンジマーマレードのレシピ

〈材料〉

オレンジ果汁…700g
オレンジの皮…500g
グラニュー糖…700g
オレンジリキュール…200g
合計2100g
（でき上がり約1700g）

〈作り方〉

①オレンジを1／2にカットして果汁を絞る。
②皮は水（分量外）で柔らかくなるまで茹で、水にさらす。内袋を取り除いてスライスし、苦みが取れるまでさらに水にさらす。
③オレンジの果汁と同量のグラニュー糖、②のオレンジの皮を鍋で煮る。仕上げにリオレンジリキュールを加える。冷蔵庫で保存。

アップルミルク

APPLE MILK

ホワイトベース　原価 100g・80円台

〈作り方〉

①ホワイトベースと、解凍しておいたリンゴピューレをアイスクリームフリーザーに入れる。
②アイスが完成する直前にリンゴ煮を入れる。リンゴ煮を入れたら、あまり時間をかけず、素早く容器に取り出す。

〈材料〉

ホワイトベース…600g
冷凍リンゴピューレ（10%加糖）…300g
リンゴ煮★…100g
合計1000g

★リンゴ煮のレシピ

〈材料〉

リンゴ…750g
砂糖…150g
レモン果汁…100g
合計1000g（でき上がり約700g）

〈作り方〉

①リンゴを1／4の大きさにカットする。皮をむき、芯の部分を取り除き、約10mmの厚さにスライスする。
②①とその他の材料を鍋に入れて煮る。リンゴの形が残るように煮る。冷蔵庫で保存。

ココナッツミルク
COCONUT MILK

ホワイトベース　原価 100g・30円台

〈作り方〉

①鍋で牛乳を温め、グラニュー糖とココナッツファインを加えてさらに煮る。

②ホワイトベースと粗熱を取った①を混ぜ合わせ、アイスクリームフリーザーに入れる。

〈材料〉

ホワイトベース…860g
ココナッツファイン…20g
牛乳…100g
グラニュー糖…20g

合計1000g

Memo

「ココナッツミルク」は好みが分かれますが、若い層に人気があります。「マロングラッセ」は栗にバニラ風味を加えた高級感のあるジェラートです。

カッサータ
CASSATA

イエローベース　原価 100g・50円台

〈材料〉

イエローベース…830g　既成のミックスフルーツ…120g
オレンジリキュール…10g　牛乳…40g

合計1000g

〈作り方〉

①既成のミックスフルーツ（甘く味付けしてあるレーズン、オレンジピール、チェリー、マンゴー、アプリコットなど）を5〜10mm程度に切っておく。

②イエローベース、オレンジリキュール、牛乳をミキサーで混ぜ、アイスクリームフリーザーに入れる。

③完成したアイスの1／2の分量を容器に取り出し、①のミックスフルーツの1／2を混ぜる。

④残りのアイスを取り出し、同じように混ぜる。

マロングラッセ
MARRON GRACE

イエローベース　原価 100g・50円台

〈作り方〉

①すべての材料を混ぜ合わせ、アイスクリームフリーザーに入れる。

〈材料〉

イエローベース…760g
マロングラッセペースト…80g
牛乳…160g

合計1000g

バナナミルク
BANANA MILK

イエローベース　原価 100g・30円台

〈作り方〉

①イエローベースをアイスクリームフリーザーに入れる。

②でき上がる直前に、縦に切ったバナナを入れる。

〈材料〉

イエローベース…750g
バナナ（生）…250g

合計1000g

Memo

「バナナミルク」は老若男女に人気で、チョコレートソースをかけても美味。ただし、時間が経つと変色して黒ずんでくるため、その日に売り切れる量を作りましょう。

バリエーション③

チョコレート・ティラミス etc.

チョコレートはジェラートの大人気フレーバー。チョコレートの香りや甘みが人々を魅了します。人気スイーツのティラミスやクレームブリュレのフレーバーが楽しめるアイスも合わせて紹介。

チョコレート

CHOCOLATE

イエローベース　原価 100g・70円台

チョコレートのカカオ風味をストレートに楽しめるアイスです。チョコレートの量を控えめにすれば、ミルクココア風味のアイスにもなります。チョコレートの風味をビターにするかマイルドにするかでも味に変化がつきます。

〈材料〉

イエローベース…640g	
チョコレートペースト★…120g	
牛乳…240g	
	合計1000g

〈作り方〉

①チョコレートペーストと牛乳をミキサーで混ぜ合わせる(a)。

②イエローベースと①をアイスクリームフリーザーに入れる。

※飾りのチョコレートは分量外

Memo

チョコレートペーストは、カカオパウダーを用いた作り方の他に、ビターチョコレート(カカオ55%)のブロックを湯煎で溶かし、同量のミルクと合わせて作る方法などがあります。

★チョコレートペーストのレシピ

〈材料〉

水…850g	
グラニュー糖…650g	
ココアパウダー…500g	
	合計2000g(でき上がり約1750g)

〈作り方〉

①グラニュー糖とココアパウダーを、よく混ぜ合わせておく。

②鍋に水を入れて沸騰したら弱火にし、①をホイッパーで攪拌しながら少しずつ加える。焦がさないように注意する。

③材料全体を混ぜ合わせたら、焦がさないように木ベラでかき混ぜながら、ツヤが出るまで煮詰める。冷まして冷蔵庫で保存。

Chocolate

キッス
KISS

イエローベース　原価 100g・60円台

チョコとナッツが「キッス（イタリア語で「バーチョ」）」するほどおいしいというジェラートです。今回使用する「ヌッテーラ」は、イタリアでポピュラーなヘーゼルナッツ風味のチョコレートペーストです。「コペルトゥーラ」は、チョコのチップを作るためのペーストです。

〈作り方〉

①イエローベース200gを湯煎で温め、ヌッテーラを加えてよく混ぜる。
②冷ました①と残りのイエローベースをアイスクリームフリーザーに入れる。
③完成したアイスの1／2を容器に取り出す。その上に湯煎して溶かしたコペルトゥーラの1／2をかける。ヘーゼルナッツホールも1／2を加える。
④コペルトゥーラが固まったら、全体をよく混ぜ合わせる。
⑤残りのアイスを容器に取り出し、同様の手順を繰り返す。
※飾りのヘーゼルナッツホールは分量外。

〈材料〉

イエローベース…840g
ヌッテーラ…100g
コペルトゥーラ…40g
ヘーゼルナッツホール…20g
合計1000g

Memo

ヌッテーラは、アイスクリームフリーザーに入れる前に、湯煎で温めながらイエローベースと混ぜ合わせておき、全体によく馴じむようにします。

「キッス」のアイスは見た目に優しい色で、ちょっと"大人の雰囲気"も感じさせる。

Tiramisu

ティラミス

TIRAMISU

イエローベース　原価 100g・70円台

イタリアの代表的なケーキをアイスにしました。エスプレッソコーヒーにたっぷりの砂糖を混ぜたエスプレッソコーヒーシロップを、アイスを挟むスポンジに染み込ませ、ココアパウダーで見た目にもケーキ風に仕上げます。

〈作り方〉

①ザバイオーネペーストと牛乳をミキサーで混ぜる。
②①とイエローベースをアイスクリームフリーザーに入れる。
③適度な大きさにカットしたスポンジに、エスプレッソコーヒーシロップを塗って染み込ませる(a)
④完成したアイスの1／3よりやや少なめの量を容器に取り出す。③のスポンジをアイスの上に敷き詰める(b)。これを繰り返し、図のように仕上げていく。
⑤最後の層は薄めにアイスクリームを敷き詰め、仕上げにココアパウダーをふる(c)。

〈材料〉 ※4ℓの容器

イエローベース…2160g
ザバイオーネペースト★…270g
牛乳…270g
スポンジ(12cm×16cm×0.5cm)…適量
エスプレッソコーヒーシロップ…適量
ココアパウダー…少々

合計2700g(スポンジなどを除く)

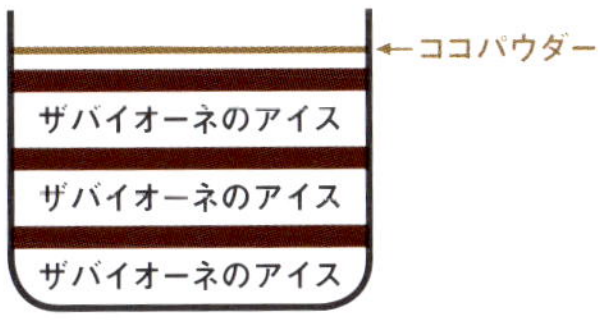

Memo

エスプレッソコーヒーシロップは、約200mlのエスプレッソに対して、100gの砂糖を混ぜ合わせます。普通のコーヒーでも代用可能です。

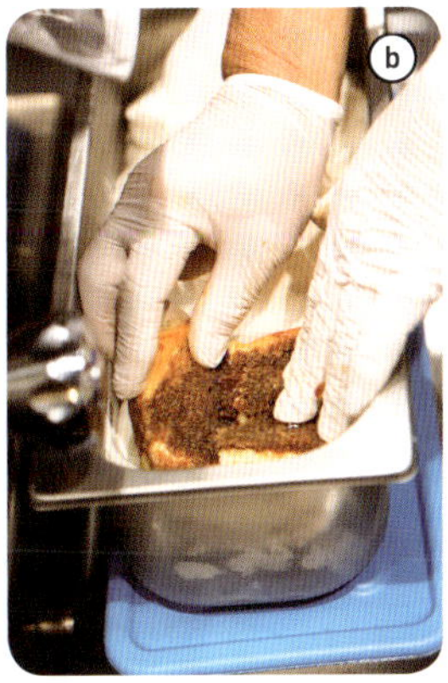

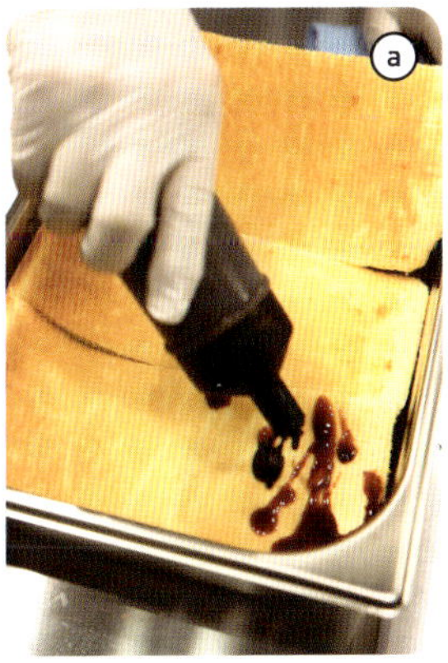

★ザバイオーネペーストのレシピ

〈作り方〉

①卵黄とグラニュー糖をよく混ぜ合わせる（a)。
②赤ワインを加え、湯煎で温めながら、ホイッパーでさらによく混ぜる。ムースのような状態になったら、冷水で冷やす。

〈材料〉

赤ワイン(マルサラワイン)…360g
卵黄…430g
グラニュー糖…360g

合計1150g

チョコチップ

CHOCOLATE CHIP

ホワイトベース　原価 100g・50円台

ミルキーなアイスとチョコレートが口の中で混ざり合うハーモニーが魅力です。チョコレートは、食べた時に口溶けがよいものを選ぶこともおいしさのポイントです。

Memo

アイスの中に普通のチョコレートを混ぜると、冷たさで口溶けが悪くなるため、オイル分の多いチョコチップ専用のコペルトゥーラを使用します。

〈作り方〉

①ホワイトベースをアイスクリームフリーザーに入れる。
②完成したアイスの1／2を容器に取り出し、湯煎して溶かしたコペルトゥーラの1／2を上にかける。
③アイスにかけたコペルトゥーラが固まったら、全体をよく混ぜ合わせる。
④残りのアイスを容器に取り出し、同様の手順を繰り返す。
※飾りのコペルトゥーラは分量外。

〈材料〉

ホワイトベース…950g
コペルトゥーラ…50g
合計1000g

クレームブリュレ

CREME BRULEE

(イエローベース) (原価 100g・50円台)

クレームブリュレは、濃厚な卵の風味やカラメルの香ばしさが特徴のプリン。既製品のクレームブリュレペーストを活用して、その味わいを表現したアイスです。親しみやすい味わいで、広く好まれるジェラートです。

Memo

このクレームブリュレペーストのように、ちょっと個性のあるフレーバーにも着目することで、ジェラートの多様な味わいを提案していくことができます。

〈作り方〉

①すべての材料を混ぜ合わせ、アイスクリームフリーザーにいれる。

※飾りのクレームブリュレペーストは分量外。

〈材料〉

イエローベース…760g

クレームブリュレペースト…80g

牛乳…160g

合計1000g

バリエーション③

チョコレート・ティラミスetc.のその他のレシピ

クリームキャラメル

CREAM CARAMEL

イエローベース　原価 100g・50円台

〈作り方〉

すべての材料を混ぜ合わせ、アイスクリームフリーザーに入れる。

〈材料〉

イエローベース…700g
キャラメルペースト…100g
牛乳…200g
合計1000g

クリームチーズアイス

CREAM CHEESE

イエローベース　原価 100g・50円台

Memo

「クリームチーズアイス」は、濃厚なチーズ風味のジェラート。使用するチーズによって風味が変わります。チーズをなめらかなペーストにしてから使用するのがポイントです。

〈材料〉

イエローベース…700g
クリームチーズペースト★…300g
合計1000g

〈作り方〉

①すべての材料を混ぜ合わせ、アイスクリームフリーザーに入れる。

★クリームチーズペーストのレシピ

〈材料〉

クリームチーズ…400g
牛乳…560g
水アメ（ハローデックス）…340g
レモン果汁…60g
合計1360g（でき上がり約1300g）

〈作り方〉

①フードプロセッサーを使って、クリームチーズをなめらかなペースト状態にする。
②鍋に牛乳と水アメを入れて、混ぜながら加熱する。
③焦がさないように注意しながら、①を加えてさらに加熱。80℃になったら氷水で冷やす。
④レモン果汁を加えて混ぜ合わせる。

レストラン・カフェの盛り付け例②

チョコレートの魅力をアピール

チョコレートのアイスは、レストランやカフェでも定番の人気デザート。
ミルクアイスとともに2色のアイスにし、
チョコレートソースやナッツ類を飾った盛り付け例です。

バリエーション④

ナッツ・クッキー etc.

ミルキーでなめらかなジェラートのアイスは、ナッツ類とも非常に好相性です。ナッツの食感が程よいアクセントになります。ナッツの他に、クッキーを使ったアイスも紹介します。

森の木の実

FOREST NUTS

ホワイトベース　原価 100g・70円台

ナッツ、チョコ、ミルクアイス。この組み合わせは、味わいや食感のよさが抜群です。ナッツ類はオーブンでローストし、より香ばしいおいしさを魅力にしました。多彩なナッツ類を使い、「森の木の実」という商品名でも注文を誘います。

〈作り方〉

①ホワイトベースをアイスクリームフリーザーに入れる。
②アーモンドプラリネを始めとした6種類のナッツ類はあらかじめ砕いておく。
③完成したアイスの1／2を容器に取り出し、②の砕いたナッツ類の1／2を入れる(a)。その上に湯煎して溶かしておいたコペルトゥーラをかける(b)。コペルトゥーラが固まったら全体を混ぜる(c)。
④残りのアイスを容器に取り出し、残りのナッツも加えて、全体を混ぜる。
※飾りのナッツとコペルトゥーラは分量外。

〈材料〉

ホワイトベース…845g	
自家製アーモンドプラリネ★…50g	
カシューナッツ(ロースト)…15g	
ピーカンナッツ(ロースト)…15g	
クルミ(ロースト)…15g	
ピスタチオ(ロースト)…5g	
ヘーゼルナッツ(ロースト)…15g	
コペルトゥーラ…40g	
	合計1000g

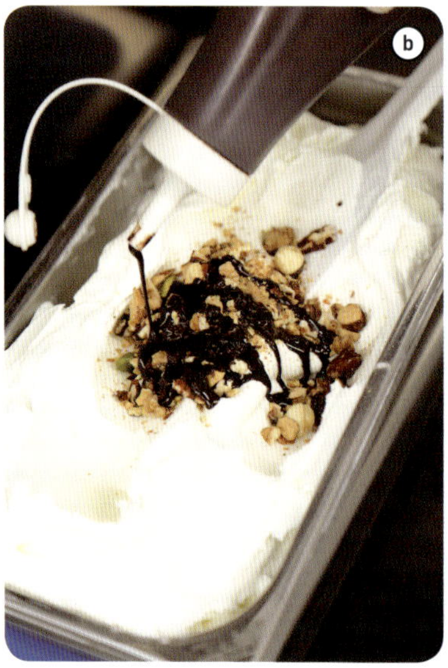

★自家製アーモンドプラリネのレシピ

Memo

アーモンドプラリネ以外のナッツ類のローストは、好みのロースト具合で香ばしさを調整してください。ナッツ類は酸化しやすいので、小分けにして冷凍保存しておきます。

〈材料〉

生アーモンドホール…300g	
水…100g	
グラニュー糖…300g	
	合計700g(でき上がり約570g)

〈作り方〉

①鍋に水とグラニュー糖を入れて火にかける。沸騰したら生アーモンドホールを加え、木ベラでよく混ぜる(a)。常にかき混ぜて焦がさないように注意する。
②水分が無くなるとグラニュー糖が結晶になるが、火にかけてさらによくかき混ぜていると再びグラニュー糖が溶け出す(b)。完全にグラニュー糖が溶けたら、素早くオーブンシートを敷いたバットに取り出す。アーモンドができるだけ重ならないように広げる(c)。そのまま冷やし固めればアーモンドプラリネが完成。

アーモンドプラリネ

ALMOND PRALINE

イエローベース　原価 100g･50円台

64ページで作り方を紹介した、カラメル風味の自家製アーモンドプラリネを使ったアイスです。アーモンドプラリネを細かく砕いて混ぜ合わせ、カラメルの香ばしさや甘さとともに、アーモンドの心地よい食感を楽しんでもらいます。

〈材料〉

イエローベース…890g

牛乳…30g

自家製アーモンドプラリネ（※64ページ参照）…80g

合計1000g

〈作り方〉

①イエローベースと牛乳をアイスクリームフリーザーに入れる。

②完成したアイスの1／2を容器に取り出し、あらかじめ砕いておいたアーモンドプラリネの1／2を加えて混ぜる。

③残りのアイスを容器に取り出し、残りのアーモンドプラリネを加えて、全体を混ぜる（a）。

※飾りのアーモンドプラリネは分量外。

Memo

香ばしく仕上げた自家製アーモンドプラリネは、それだけをテイクアウト販売しても喜ばれるおいしさです。

ミルクアイスに、市販のクッキーを砕いて混ぜるだけで作ることができます。しかも、ミルクアイスとクッキーの組み合わせは人気があります。好みのクッキーを使って、オリジナル感を高めるのもよいでしょう。

クッキークリーム

COOKIE CREAM

ホワイトベース　原価 100g・50円台

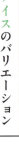

Memo

「クッキークリーム」に使うクッキーは砕いて使用し、アイスに混ぜ込むので、破損品（B級品）も有効に活用することができます。

〈作り方〉

①ホワイトベースをアイスクリームフリーザーに入れる。
②完成したアイスの1／2を容器に取り出し、砕いたクッキーの1／2を混ぜ合わせる。残りのアイスを取り出し、同様に手順を繰り返す。
※飾りのコペルトゥーラとクッキーは分量外。

〈材料〉

ホワイトベース…940g
クッキー…60g
合計1000g

バリエーション④

ナッツ・クッキーetc.のその他のレシピ

ジャンドゥイア
GIANDUIA

イエローベース　原価 100g・80円台

Memo

「ジャンドゥイアペースト」はイタリア製で、ヘーゼルナッツ風味の「大人のチョコ」という感じの味です。

〈材料〉

イエローベース…840g
ジャンドゥイアペースト…80g
牛乳…80g
合計1000g

〈作り方〉

①すべての材料を混ぜ合わせ、アイスクリームフリーザーに入れる。

アップルパイ
APPLE PIE

ホワイトベース　原価 100g・80円台

〈材料〉 ※4ℓの容器

ホワイトベース…2250g
リンゴ煮
(※50ページの「アップルミルク」のリンゴ煮のレシピ参照)
…750g
パイ(又はクラッカー)…適量
合計3000g(パイは除く)

〈作り方〉

①ホワイトベースと、リンゴ煮の1／2の分量をアイスクリームフリーザーに入れる。
②完成したアイスの1／4を容器に取り出し、その上に残りのリンゴ煮とパイの1／4をのせる。これを繰り返して、きれいな層になるように仕上げる。

レストラン・カフェの盛り付け例③

ナッツ類をおいしそうに飾る

ミルクアイスにナッツ類を飾った盛り付け例です。
チョコレートソースとともにナッツ類を飾るだけで、ミルクアイスの商品価値が高まります。

バリエーション⑤

和の素材・野菜

抹茶などの「和」の素材を使うことで、日本ならではのジェラートを作ることができます。「野菜」を使ったジェラートも、ヘルシー感をアピールできるのでこれから有望です。

抹茶

GREEN TEA

ホワイトベース　原価 100g・70円台

〈材料〉

ホワイトベース…980g	
抹茶…20g	
	合計1000g

〈作り方〉

①ホワイトベースと抹茶をミキサーで混ぜ合わせる。
②①をアイスクリームフリーザーに入れる。

Memo

抹茶は光や湿気、空気によって酸化し、色も悪くなるため、一回の使用量ずつに小分けして冷凍保存しておきます。冷凍保存の際も光が当たらないようにします。

抹茶ならではの緑色が、よく映えます。

日本のジェラート専門店では、「抹茶」が人気ベスト3に入るケースが多く、高い人気を誇ります。おいしさを決めるのは、使用する抹茶の品質です。質のよい抹茶を使うと、きれいな緑色に仕上がり、風味や香りも強くなります。

Sake Flower

酒の華

SAKE FLOWER

ホワイトベース　原価 100g・40円台

酒粕を使って作る「ジャパニーズ・ジェラート」です。酒粕の豊かな香りが、ミルクアイスにひと味違ったおいしさをプラスしてくれます。お正月シーズンなどは、写真のように金箔や黒豆を飾って特別商品にしてもよいでしょう。

Memo

酒粕を使うことで、「酒の華」という名前にふさわしい華やかな香りを魅力にできます。味わいは酒粕の種類で変わります。酒粕ペーストは1回分ずつ小分けして冷凍保存します。

〈作り方〉

①すべての材料をアイスクリームフリーザーに入れる。
※飾りの黒豆と金箔は分量外。

〈材料〉

ホワイトベース…900g
酒の華ペースト★…100g
合計1000g

★酒の華ペーストのレシピ

〈材料〉

酒粕…300g
グラニュー糖…120g
水…340g
合計760g（でき上がり約600g）

〈作り方〉

①鍋に水とグラニュー糖を入れ（a）、沸騰したら中弱火にし、酒粕を細かくして加える（b）。
②焦がさないように、なべ底をヘラでかき混ぜながら煮て（c）、アルコール分をしっかりと飛ばす（沸騰して5分程度）。
③②をミキサーでなめらかな状態にする（d）。

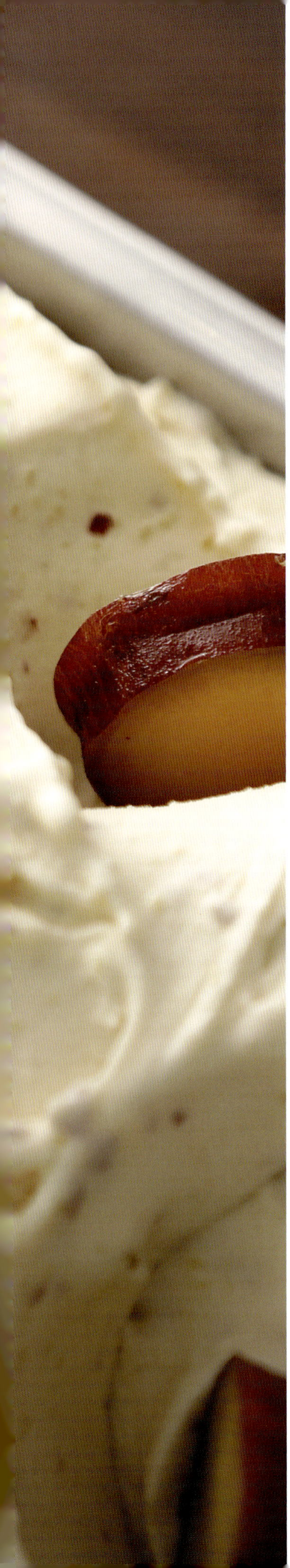

さつまいも

SWEET POTATO

イエローベース　原価 100g・50円台

サツマイモを使った、ちょっと意外性のあるジェラートです。提供すると女性客からの注文がよく入ります。サツマイモの加熱調理はレンジでも可能ですが、レモン煮などにしてから使うことで味わいに変化をつけることができます。

Memo

サツマイモはデンプン質を多く含み、アイスの仕上がりが固くなりやすいため、糖分を多めにしています。使用するのは甘味度の低い水アメで、甘くなり過ぎないようにもしています。

〈材料〉

イエローベース	720g
サツマイモ（加熱調理したもの）	200g
水アメ（ハローデックス）	80g
合計	1000g

〈作り方〉

①サツマイモはあらかじめ加熱調理をして、適度な柔らかさにしておく（a）。
②すべての材料をミキサーで混ぜ合わせ（b）、アイスクリームフリーザーに入れる。
※飾りのサツマイモは分量外。

Sweet Potato

きなこアイス

KINAKO

イエローベース　原価 100g・40円台

「きな粉」の素朴な風味を楽しめるジェラートです。和の魅力を強く印象づけることができ、目新しさもあります。黒豆などを飾ってもよいでしょう。きな粉も大豆の煎り具合などで味が違うので、素材選びが大切です。

Memo

大豆きな粉が一般的ですが、玄米きな粉などもとてもおいしく、さらに和の味わいを広げてくれます。

〈材料〉

イエローベース…980g
きな粉…20g
合計1000g

〈作り方〉

①イエローベースときな粉をミキサーで混ぜ合わせ、アイスクリームフリーザーに入れる。
※飾りの黒豆は分量外

和の素材・野菜のその他のレシピ

そばアイス

SOBA

ホワイトベース　原価 100g・50円台

〈作り方〉

①ホワイトベースとそば茶20gをミキサーで混ぜ合わせる。
②①をアイスクリームフリーザーに入れる。
③完成したアイスを容器に取り出し、残りのそば茶10gを加えて混ぜる。

〈材料〉

ホワイトベース…970g
そば茶(ローストされたそばの実)…30g
合計1000g

きなこもち

KINAKO MOCHI

イエローベース　原価 100g・70円台

〈作り方〉

①イエローベースときな粉をミキサーで混ぜ合わせ、アイスクリームフリーザーに入れる。
②完成したアイスの1／2を容器に取り出し、求肥の1／2を混ぜ合わせる。残りのアイスを取り出し、同様の手順を繰り返す。

〈材料〉

イエローベース…880g
きな粉…20g
求肥(5mm角)…100g
合計1000g

黒ゴマ

BLACK SESAME

ホワイトベース　原価 100g・40円台

〈作り方〉

①ホワイトベースと黒ゴマをミキサーで混ぜ合わせ、アイスクリームフリーザーに入れる。

〈材料〉

ホワイトベース…980g
黒ゴマ(煎り)…20g
合計1000g

Memo

「きなこもち」は求肥の食感がクセになるおいしさです。好みで黒蜜をかけてもよいでしょう。「黒ゴマ」はグレー色の見た目もインパクトがあります。

麦こうせん
WHEAT BRAN

イエローベース　原価 100g･40円台

Memo

「麦こうせん」は「はったい粉」とも呼ばれ、昔のおやつではお馴じみの素材。「よもぎ」は、求肥を混ぜ合わせてもよく合います。「小倉アイス」は、小倉とミルクの相性がよいアイスです。

〈作り方〉
①イエローベースと麦こうせんをミキサーで混ぜ合わせ、アイスクリームフリーザーに入れる。

〈材料〉
イエローベース…980g
麦こうせん…20g
合計1000g

カボチャ
PUMPKIN

イエローベース　原価 100g･40円台

〈作り方〉
①かぼちゃは皮と種を取り除き、ボイル又は電子レンジで加熱調理しておく。
②①と他の材料をミキサーで混ぜ合わせ、アイスクリームフリーザーに入れる。

〈材料〉
イエローベース…720g
カボチャ
（加熱調理したもの）…200g
水アメ
（ハローデックス）…80g
合計1000g

よもぎ
TANSY

ホワイトベース　原価 100g･50円台

〈作り方〉
①鍋でよもぎ粉、水アメ、水を混ぜ合わせながら煮る。
②ホワイトベースと粗熱を取った①を混ぜ、アイスクリームフリーザーに入れる。

〈材料〉
ホワイトベース…870g
よもぎ粉…10g
水アメ
（ハローデックス）…50g
水…70g
合計1000g

小倉アイス
BEAN JAM

ホワイトベース　原価 100g･40円台

〈作り方〉
①小倉と牛乳を混ぜて網で漉す。
②①の漉した液と、小倉のあずきの1／2をホワイトベースと混ぜ合わせ、アイスクリームフリーザーに入れる。
③完成したアイスを容器に取り出し、残りのあずきを混ぜる。

〈材料〉
ホワイトベース…700g
小倉（茹であずき）…200g
牛乳…100g
合計1000g

とうもろこし

CORN

（イエローベース）（原価 100g・50円台）

〈作り方〉

①加熱調理したコーンとイエローベース、水アメをミキサーでペースト状にする。薄皮が残っている場合は裏漉しをする（※高速タイプのミキサーなどを使用すると、よりなめらかなペーストになり、裏漉しの必要がない）。

②①をアイスクリームフリーザーに入れる。

〈材料〉

イエローベース…720g
コーン（加熱調理したもの）…200g
水アメ（ハローデックス）…80g
合計1000g

Memo

「とうもろこし」は明るいイエローに仕上がり、トウモロコシの風味がミルクアイスに合います。「リゾットアイス」はレモンの皮とラム酒などで調味した米が、食感のアクセントにもなります。

リゾットアイス（お米）

RISOTTO

（ホワイトベース）（原価 100g・40円台）

★リゾットペーストのレシピ

〈材料〉

米…400g　水…1500g　塩…5g
（煮た米のでき上がり）…約700g
牛乳…800g
水アメ（ハローデックス）…240g
グラニュー糖…200g
トレハロース…100g
生クリーム…160g
ラム酒…30g
おろしたレモンの皮…4個分
合計2230g
（レモンの皮は除く。でき上がり約2100g）

〈作り方〉

①米を洗い、塩と水で芯がなくなるくらいの固さまで煮たら、流水ですすぎ、水気を切る。

②鍋に①と牛乳、水アメ、グラニュー糖、トレハロースを入れて沸騰したら弱火で5分程度煮て、生クリームとラム酒を加える。ひと混ぜしてから火を止め、すりおろしたレモンの皮を加えて混ぜながら粗熱を取る。冷蔵庫で2〜3日置き、味を馴じませてから使用。

〈材料〉

ホワイトベース…600g
リゾットペースト★…200g
牛乳…200g
合計1000g

〈作り方〉

①すべての材料を混ぜ合わせ、アイスクリームフリーザーに入れる。

レストラン・カフェの盛り付け例④

和風らしさ、野菜らしさを工夫

和のジェラートと、野菜のジェラートの盛り付け例です。
右は抹茶アイス、あずき、白玉という人気の組み合わせ。
左は「さつまいも」のアイスに、厚切りのサツマイモチップを飾りました。

ザバイオーネ
ZABAJONE

イエローベース　原価 100g・50円台

〈作り方〉

①すべての材料をアイスクリームフリーザーに入れる。

〈材料〉

- イエローベース…800g
- ザバイオーネペースト（57ページ参照）…100g
- 牛乳…100g

合計1000g

Memo

「ザバイオーネ」は、シチリアのマルサラワインを使ったイタリアの伝統的なアイスです。「リモンチェッロ」は、レモン風味の大人のアイス。ともに少量ですがアルコール分を含むアイスになります。

ワインアイス
WINE

ホワイトベース　原価 100g・60円台

〈作り方〉

①すべての材料をアイスクリームフリーザーに入れる。

〈材料〉

- ホワイトベース…880g
- 赤ワイン…90g
- グレープフルーツ果汁…20g
- レモン果汁…10g

合計1000g

リモンチェッロ
LIMONCELLO

ホワイトベース　原価 100g・50円台

〈作り方〉

①すべての材料をアイスクリームフリーザーに入れる。

〈材料〉

- ホワイトベース…890g
- リモンチェッロ（レモンのリキュール）…30g
- すりおろしたレモンの皮…1個分
- レモン果汁…20g　牛乳…60g

合計1000g（レモンの皮は除く）

カプチーノ

CAPPUCCINO

ホワイトベース　原価 100g・60円台

〈作り方〉

①すべての材料をアイスクリームフリーザーに入れる。

※「コーヒーペースト」の作り方…深めの鍋にグラニュー糖(500g)を入れて火にかける。グラニュー糖が溶けて沸騰してきたら弱火にし、焦げ茶色になるまで煮詰める(沸騰してから2〜3分)。お湯(500g／100℃)を加えてのばし(お湯を入れる時、蒸気で火傷をしないように注意すること。手が鍋の外に出るようにして作業する)、インスタントコーヒー(70g)を少しずつ加えて溶かしこむ。冷まして使用。

〈材料〉

ホワイトベース…870g
コーヒーペースト※…30g
牛乳…100g
合計1000g

ミルクティー

MILK TEA

ホワイトベース　原価 100g・50円台

Memo

「カプチーノ」は、エスプレッソを少し加えると、さらに風味がアップします。「ミルクティー」は紅茶の種類や煮出し方で風味が変わります。好みの味に調整してください。

〈作り方〉

①すべての材料をアイスクリームフリーザーに入れる。

※「紅茶ペースト」の作り方…鍋で水(750g)を沸騰させ、紅茶の茶葉(100g)を入れて弱火で2〜3分煮てから漉す。濾した紅茶にグラニュー糖(150g)を溶かし、冷まして使用。

〈材料〉

ホワイトベース…840g
紅茶ペースト※…160g
合計1000g

ヨーグルトアイス

YOGURT

ホワイトベース　原価 100g・30円台

〈材料〉

ホワイトベース…350g
プレーンヨーグルト…450g
グラニュー糖…50g
水アメ(ハローデックス)…150g
合計1000g

〈作り方〉

①すべての材料をミキサーで混ぜ合わせ、アイスクリームフリーザーに入れる。

レストラン・カフェの盛り付け例⑤

ジェラート・パーティ!!

ディッシャーですくった丸いジェラートを、写真のように立体的に盛り付ければ、とても華やかです。パーティー客のデザートとしていかがでしょうか。

CHAPTER 3

シャーベットバリエーシ

■原価について…完成したジェラートの100g当たりの原価の目安を表記しています。原価は使用する材料のグレードや仕入れ方法によって変わるため、あくまでも目安として参考にしてください。尚、完成したジェラートはオーバーランがあるので(空気を取り込んでいるので)、100gが120ml容器に入る分量になります。

■フルーツの洗浄・殺菌について…フルーツは洗浄・殺菌をしてから使用します。まず、薄めた中性洗剤をボールに作ってフルーツを入れ、スポンジなどでこすって洗浄し、流水でよくすすぎます。その後、次亜塩素酸ナトリウム200ppm溶液(濃度が6%の製品であれば水で300倍に薄めたもの)に洗浄したフルーツを5分間漬け込んで殺菌し、流水でよくすすぎます。皮や種の下処理は必要に応じて行なってください。尚、フルーツの分量は、皮や種を取る場合は、皮や種を取った状態の重量です。

■安定剤について…本書のシャーベットに使用している安定剤は、「使用量の範囲」が2%〜2.5%のもので(糖で増量している製品)、紹介しているレシピでは1000gに対して20gを使っています。糖で増量していない安定剤は使用量の範囲が0.2%〜0.5%程度のものなどがあるため、それに合わせて使用量は調整してください。

バリエーション①

ポピュラーなフルーツ

フルーツシャーベットで、色々なフルーツのおいしさを堪能するのもジェラートの醍醐味です。最初に紹介するのはレモンやイチゴを始めとしたポピュラーなフルーツのシャーベットです。

レモンシャーベット
LEMON SHERBET

生果汁　原価 100g・40円台

レモンの爽やかな酸味が特徴的なシャーベットです。フレッシュなレモン果汁を使うことで、その特徴を存分に味わってもらうことができます。レモンの爽やかな酸味と糖類の甘み。そのバランスのよさがおいしさのポイントです。

〈材料〉

レモン果汁（生）…160g
グラニュー糖…180g
トレハロース…30g
水アメ（ハローデックス）…50g
安定剤…20g
水（35℃〜45℃）…560g
合計1000g

〈作り方〉

①スクイーザーなどでレモンの果汁を絞る。
②水と安定剤をミキサーに入れて、よく混ぜる。
③グラニュー糖、トレハロース、水アメを加えて、よく混ぜる。
④①のレモン果汁を加えて混ぜる。
⑤④をアイスクリームフリーザーに入れる。
※飾りのレモンは分量外。

Memo

皮をすりおろして加えると、香りが増します。ただし、入れ過ぎると苦味が出るので注意してください。また、皮を使用する場合は、レモンをよりしっかりと洗浄してください。

イチゴシャーベット

STRAWBERRY SHERBET

生果実　原価 100g・80円台

日本はイチゴの消費量が最も多い国の一つ。「イチゴ好き」の日本人に大いに喜ばれるのが、このシャーベットです。日本は生産しているイチゴの品種も豊富。イチゴの種類によって色、香り、酸味と甘みのバランスが変わるので、使用した品種名を伝えるとよいでしょう。

Memo

イチゴの殺菌方法は、36ページで紹介した方法の他に、100℃の熱湯に30秒ほど浸してから使用する方法などもあります。

〈作り方〉

①イチゴは36ページで紹介した方法で洗浄、殺菌する。
②水と安定剤をミキサーに入れて、よく混ぜる。
③グラニュー糖、トレハロース、水アメを加えて、よく混ぜる(a)。
④①のイチゴを、③の一部とレモン果汁とともにミキサーで撹拌する(b)。
⑤④と③の残りをアイスクリームフリーザーに入れる(c・d)。
※飾りのイチゴは分量外。

〈材料〉

イチゴ(生)	400g
レモン果汁	20g
グラニュー糖	165g
トレハロース	27g
水アメ(ハローデックス)	48g
安定剤	20g
水(35℃〜45℃)	320g
合計	1000g

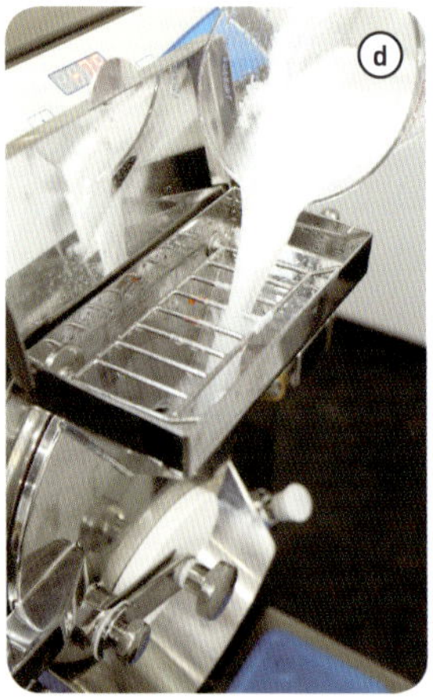

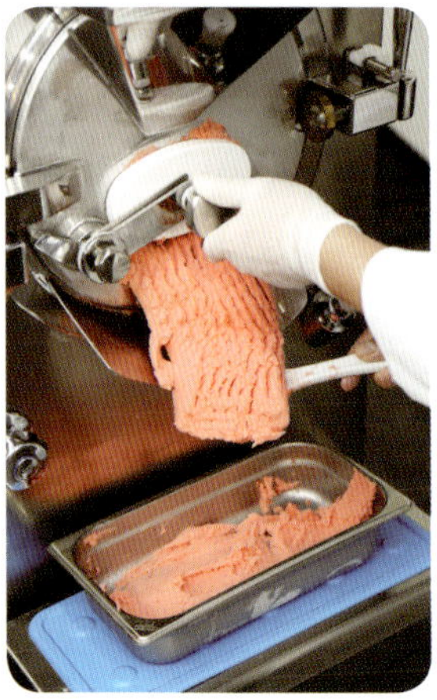

Strawber Sherbet

森のいちごシャーベット

STRAWBERRIES IN THE FOREST

生果実・冷凍ホール　原価 100g・60円台

ベリー類は単体でも人気がありますが、ブレンドすることで色や風味が変わってオリジナリティーを演出できます。商品名は、色々なベリー類を使うことから「森のイチゴ」と名付けました。こうしたネーミングの工夫でも、独自性をアピールすることができます。

〈作り方〉

①イチゴは36ページで紹介した方法で洗浄、殺菌しておく。
②水と安定剤をミキサーに入れて、よく混ぜる。
③グラニュー糖、トレハロース、水アメを加えて、よく混ぜる。
④①のイチゴ、殺菌処理したラズベリー、ブルーベリーを、③の一部とレモン果汁とともにミキサーで攪拌する。
⑤④と③の残りをアイスクリームフリーザーに入れる。
※飾りのベリー類は分量外。

〈材料〉

イチゴ（生）…120g
ラズベリー（冷凍ホール）…80g
ブルーベリー（冷凍ホール）…50g
レモン果汁…20g
グラニュー糖…175g
トレハロース…29g　水アメ（ハローデックス）…50g
安定剤…20g　水（35℃～45℃）…456g
合計1000g

Strawberries In The Forest

Memo

冷凍ホールのベリー類の殺菌は、解凍したベリー類、砂糖、レモンをミキサーで攪拌したものをひと煮立ちさせ、粗熱を取ってから使用する方法もあります。レモンや砂糖が加わることで色の発色もよく風味も落ちません。

メロンシャーベット

MELON SHERBET

生果実　原価 100g・50円台

メロンも日本人が大好きなフルーツの一つ。メロンシャーベットも人気の商品です。メロンは、赤肉メロンを使用しました。赤肉メロンは色も香りも強く、風味も安定しやすいのでシャーベットに使いやすいでしょう。

Memo

水の一部を牛乳に置きかえることで、口当たりがよくなり、色も淡くなります。牛乳の使用量は20%以下にすることで、乳固形分は3%未満になります（※一般的な牛乳を使った場合）。

〈作り方〉

①メロンは皮と種を取り除き、適度な大きさにカットする（a）。
②水と安定剤をミキサーに入れて、よく混ぜる。
③グラニュー糖、トレハロース、水アメを加えて、よく混ぜる。
④①のメロンを、③の一部とレモン果汁とともにミキサーで撹拌する。
⑤④と③の残りをアイスクリームフリーザーに入れる。
⑥1分後に牛乳もアイスクリームフリーザーに入れる。
※飾りのメロンは分量外

〈材料〉

メロン（生）…400g
レモン果汁…10g
グラニュー糖…134g
トレハロース…22g
水アメ（ハローデックス）…38g
安定剤…20g
水（35℃～45℃）…176g
牛乳…200g

合計1000g

Melon Sherbet

リンゴシャーベット

APPLE SHERBET

生果実　原価 100g・40円台

リンゴは皮も使うことで、シャーベットの風味が増します。ポリフェノール、ペクチンなどの栄養成分もアップし、皮の粒々が見た目の手作り感を高める効果もあります。リンゴの品種による味わいの違いも意識して作るとよいでしょう。

Memo

品種の違うリンゴをブレンドする方法もあります。例えば、皮が赤い紅玉のリンゴをブレンドすればピンク色になりやすく、見た目の特徴が出ます。

〈作り方〉

①リンゴは皮を剥き、芯の部分を取り除く。その際、赤い皮を1／3程度残し、適度な大きさにカットしておく。
②水と安定剤をミキサーに入れて、よく混ぜる。
③グラニュー糖、トレハロース、水アメを加えて、よく混ぜる。
④①のリンゴを、③の一部とレモン果汁とともにミキサーで攪拌する。
⑤④と③の残りをアイスクリームフリーザーに入れる。
※飾りのリンゴは分量外

〈材料〉

リンゴ(生)…400g
レモン果汁…20g
グラニュー糖…152g
トレハロース…25g
水アメ(ハローデックス)…48g
安定剤…20g
水(35℃～45℃)…335g
合計1000g

キウイシャーベット

KIWI FRUIT SHERBET

生果実　原価 100g・40円台

キウイフルーツならではの色合いが特徴的なシャーベットです。キウイフルーツはビタミンやミネラル、食物繊維も豊富なフルーツです。風味が強いフルーツなので使用量の割合は少なめにし、牛乳を使ってマイルドな味わいに仕上げています。

Memo

種の粒々が見えた方が、見た目にかわいらしく感じます。風味よく仕上げるためにも、種をあまり潰さないよう、ミキサーの撹拌に気をつけてください。

〈作り方〉

①キウイフルーツは皮を取り除き、適度な大きさにカットする。
②水と安定剤をミキサーに入れて、よく混ぜる。
③グラニュー糖、トレハロース、水アメを加えて、よく混ぜる。
④①のキウイフルーツを、③の一部とレモン果汁とともにミキサーに入れる。種をあまり潰さないように、ミキサーを断続運転させながら混ぜ合わせる。
⑤④と③の残りをアイスクリームフリーザーに入れる。
⑥1分後に牛乳もアイスクリームフリーザーに入れる。

〈材料〉

キウイフルーツ（生）…250g
レモン果汁…20g
グラニュー糖…151g
トレハロース…25g
水アメ（ハローデックス）…43g
安定剤…20g
水（35℃～45℃）…291g
牛乳…200g
合計1000g

「キウイシャーベット」ならではの優しい緑色は、ショーケースに並べた際も色合いの変化を出してくれます。

Grapefruit Sherbet

グレープフルーツシャーベット

GRAPEFRUIT SHERBET

生果実　原価 100g・40円台

グレープフルーツの爽やかな酸味とかすかな苦味を感じることができるシャーベットです。グレープフルーツのリモネンという成分はリラックス効果があるとも言われます。今回使用したルビーのグレープフルーツには抗酸化作用のあるリコピンも含まれます。

〈作り方〉

①グレープフルーツは皮を剥き、房と種を取り除いて果肉の部分を使用(a、b)。
②水と安定剤をミキサーに入れて、よく混ぜる。
③グラニュー糖、トレハロース、水アメを加えて、よく混ぜる。
④①のグレープフルーツを、③の一部とレモン果汁とともにミキサーで攪拌する。
⑤④と③の残りをアイスクリームフリーザーに入れる。
※飾りのグレープフルーツは分量外

〈材料〉

グレープフルーツ(生)…400g
レモン果汁…20g
グラニュー糖…152g
トレハロース…25g
水アメ(ハローデックス)…48g
安定剤…20g
水(35℃～45℃)…335g
合計1000g

Memo

シャーベットができ上がる直前に、約1個分の果肉を加えることで、グレープフルーツのプチプチとした食感やフレッシュさを強める作り方もあります。

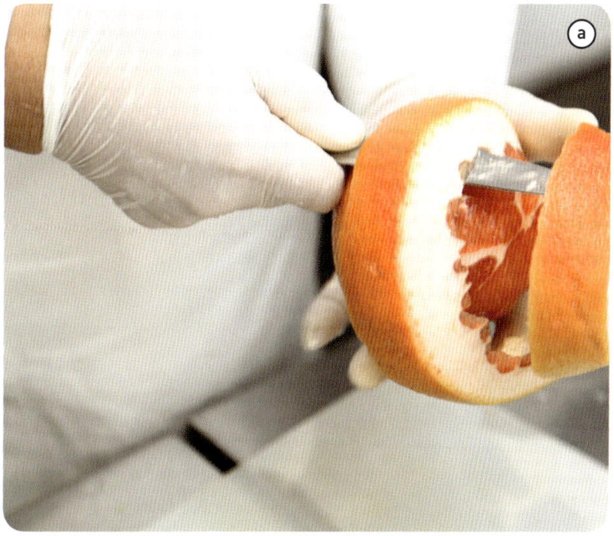

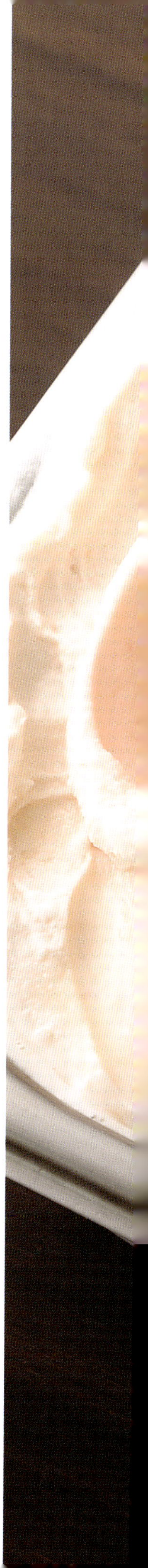

オレンジシャーベット

ORANGE SHERBET

生果汁　原価 100g・50円台

酸味のやや強いバレンシアオレンジ。マイルドな酸味と風味のネーブルオレンジ。赤い果肉で甘みが強くコクがあるブラッドオレンジ。どれを使うかで、オレンジシャーベットの味わいも変化が出ます。今回はバレンシアオレンジを使用しました。

〈作り方〉

①スクイーザーなどでオレンジの果汁を絞る。
②水と安定剤をミキサーに入れて、よく混ぜる。
③グラニュー糖、トレハロース、水アメを加えて、よく混ぜる。
④①のオレンジ果汁、レモン果汁を加えて混ぜる。
⑤④をアイスクリームフリーザーに入れる。
※飾りのオレンジは分量外。

〈材料〉

オレンジ果汁（生）…400g　レモン果汁…20g
グラニュー糖…152g　トレハロース…25g
水アメ（ハローデックス）…48g
安定剤…20g
水（35℃～45℃）…335g

合計1000g

Memo

ブラッドオレンジは、目によいと言われるアントシアニンを多く含みます。ブラッドオレンジを使った場合はその点も魅力の一つになります。

ポピュラーなフルーツのその他のレシピ

パイナップルシャーベット

PINEAPPLE SHERBET

生果実　原価 100g・30円台

〈作り方〉

①パイナップルは皮と芯を取り除き、適度な大きさにカットする。
②水と安定剤をミキサーに入れて、よく混ぜる。
③グラニュー糖、トレハロース、水アメを加えて、よく混ぜる。
④①のパイナップルを、③の一部とレモン果汁とともにミキサーで撹拌する。撹拌した後に漉して、パイナップルの繊維を取り除く。
⑤④と③の残りをアイスクリームフリーザーに入れる。

〈材料〉

パイナップル(生)…400g
レモン果汁…20g
グラニュー糖…143g
トレハロース…24g
水アメ(ハローデックス)…41g
安定剤…20g
水(35℃～45℃)…352g
合計1000g

マンゴーシャーベット

MANGO SHERBET

生果実　原価 100g・70円台

〈作り方〉

①マンゴーは皮と種を取り除く。
②水と安定剤をミキサーに入れて、よく混ぜる。
③グラニュー糖、トレハロース、水アメを加えて、よく混ぜる。
④①のマンゴーを、③の一部とレモン果汁とともにミキサーで撹拌する。
⑤④と③の残りをアイスクリームフリーザーに入れる。

〈材料〉

マンゴー(生)…300g　レモン果汁…20g
グラニュー糖…143g　トレハロース…24g
水アメ(ハローデックス)…41g
安定剤…20g
水(35℃～45℃)…452g
合計1000g

ぶどうシャーベット

GRAPE SHERBET

生果実　原価 100g・50円台

〈作り方〉

①水と安定剤をミキサーに入れて、よく混ぜる。
②グラニュー糖、トレハロース、水アメを加えて、よく混ぜる。
③ぶどうを、②の一部とレモン果汁とともにミキサーに入れる。種を潰さないようにミキサーを断続運転させて混ぜる。漉して種と皮を取り除く(※種なしぶどうは、高速ブレンダーで皮を細かくすれば漉す必要はない)。
④③と②の残りをアイスクリームフリーザーに入れる。

〈材料〉

ぶどう(生)…300g　レモン果汁…20g
グラニュー糖…133g　トレハロース…21g
水アメ(ハローデックス)…38g
安定剤…20g　水(35℃～45℃)…468g
合計1000g

Memo

パイナップルは空気を含みやすい食材ですが、アイスクリームフリーザーから取り出す際、低めの温度(シャーベットの状態が固め)で取り出すことにより、空気の含有量(オーバーラン)を抑えることもできます。ぶどうは一般的な紫色のもの以外にも、香りが上品なマスカット系も人気があります。

ブルーベリーシャーベット

BLUEBERRY SHERBET

ピューレ　原価 100g・100円台

〈作り方〉

①水と安定剤をミキサーに入れて、よく混ぜる。
②グラニュー糖、トレハロース、水アメを加えて、よく混ぜる。
③ブルーベリーピューレとレモン果汁を加えて混ぜる。
④③をアイスクリームフリーザーに入れる。

〈材料〉

冷凍ブルーベリーピューレ（10%加糖）…300g
レモン果汁…20g　グラニュー糖…145g
トレハロース…24g　水アメ（ハローデックス）…42g
安定剤…20g
水（35℃～45℃）…449g
合計1000g

Memo

ブルーベリーの生を使う場合は、砂糖、レモン果汁とともにミキサーで混ぜ、ひと煮立ちさせて冷ましたものを使うとおいしく仕上がります。「ミックスフルーツシャーベット」は、香りの強さが異なる各種フルーツをバランスよく配合することが大切です。

ラズベリーシャーベット

RASPBERRY SHERBET

ピューレ　原価 100g・80円台

〈作り方〉

①水と安定剤をミキサーに入れて、よく混ぜる。
②グラニュー糖、トレハロース、水アメを加えて、よく混ぜる。
③ラズベリーピューレとレモン果汁を加えて混ぜる。
④③をアイスクリームフリーザーに入れる。

〈材料〉

冷凍ラズベリーピューレ（10%加糖）…300g
レモン果汁…20g　グラニュー糖…133g
トレハロース…21g　水アメ（ハローデックス）…38g
安定剤…20g
水（35℃～45℃）…468g
合計1000g

ミックスフルーツシャーベット

MIXFRUIT SHERBET

生果実　原価 100g・40円台

〈作り方〉

①フルーツ類は、下処理して適度な大きさにカットする。
②水と安定剤をミキサーに入れて、よく混ぜる。
③グラニュー糖、トレハロース、水アメを加えて、よく混ぜる。
④①のフルーツ類を、③の一部とレモン果汁とともにミキサーで攪拌する。
⑤④と③の残りをアイスクリームフリーザーに入れる。

〈材料〉

リンゴ（生）…100g　バナナ（生）…70g
パイン（生）…70g　オレンジ（生）…70g
イチゴ（生）…40g　レモン果汁…20g
グラニュー糖…147g　トレハロース…24g
水アメ（ハローデックス）…42g
安定剤…20g　水（35℃～45℃）…397g
合計1000g

レストラン・カフェの盛り付け例⑥

シャーベット×ソース

シャーベットは鮮やかなフルーツの色も魅力です。シャーベットの色を生かしながら、より華やかな一皿に仕上げるソースも工夫してみてください。

バリエーション②

珍しさのあるフルーツ

日本ではポピュラーではなくても、シャーベットにすると豊かな味わいを生み出す。シャーベットに使うフルーツとしては珍しさがある。そんなフルーツのシャーベットを紹介。

プラムシャーベット

PLUM SHERBET

生果実　原価 100g・40円台

香りがとても豊かで、甘酸っぱい夏のフルーツシャーベットとして人気があります。シーズン初めに収穫される大石早生（おおいしわせ）種は、香りが強く、皮の赤みがきれいに染まっており、見た目にも美しいシャーベットに仕上がります。

〈作り方〉

①プラムは種を取り除き、皮をつけたまま使用する。
②水と安定剤をミキサーに入れて、よく混ぜる。
③グラニュー糖、トレハロース、水アメを加えて、よく混ぜる。
④①のプラムを、③の一部とレモン果汁とともにミキサーで攪拌する(a)。
⑤④と③の残りをアイスクリームフリーザーに入れる。

〈材料〉

プラム(生)…250g	レモン果汁…20g
グラニュー糖…152g	トレハロース…25g
水アメ(ハローデックス)…44g	
安定剤…20g	
水(35℃〜45℃)…489g	

合計1000g

Memo

大石早生種は、購入した時の色つきが悪くても、1〜3日常温で保存することで、赤く熟してシャーベットに適した状態になります。

種を取り除く際は、ナイフで切り込みを入れて、まず半分に割る。その後、ナイフで種のまわりに切り込みを入れながら、種を取り除く。

Plum Sherbet

Nectarine Sherbet

ネクタリンシャーベット

NECTARINE SHERBET

生果実　原価 100g・50円台

ネクタリンは桃の一種です。産毛の無い赤い表皮で、果肉がしっかりとしていて程よい酸味もあります。優しい味わいで、老若男女を問わずに好まれるシャーベットです。ネクタリンと相性のよい牛乳を使って、見た目も優しい色に仕上げます。

ネクタリンは、104ページのプラムと同様に、皮ごと使用します。皮は剥かず、まず全体を半分に割ってから種に沿ってナイフを入れて、種を取り除きます。

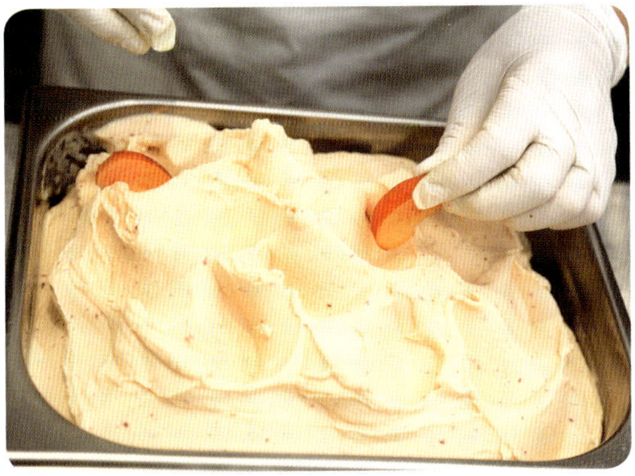

〈材料〉

ネクタリン（生）…400g
レモン果汁…10g
グラニュー糖…126g
トレハロース…21g
水アメ（ハローデックス）…36g
安定剤…20g
水（35℃～45℃）…187g
牛乳…200g

合計1000g

〈作り方〉

①ネクタリンは種を取り除き、皮をつけたまま使用する。
②水と安定剤をミキサーに入れて、よく混ぜる。
③グラニュー糖、トレハロース、水アメを加えて、よく混ぜる。
④①のネクタリンを、③の一部とレモン果汁とともにミキサーで攪拌する。
⑤④と③の残りをアイスクリームフリーザーに入れる。
⑥1分後に牛乳もアイスクリームフリーザーに入れる。
※飾りのネクタリンは分量外。

Memo

牛乳を使うことで、口当たりもマイルドな仕上がりになります。

トマト＆バジル

TOMATO & BASIL

生果実　原価 100g・60円台

真っ赤に完熟したトマトを使うと、色、香り、酸味、甘みのバランスが良いシャーベットになります。レモンを多めに入れることでより爽やかさも増し、バジルなどの香草を加えることでイタリアンテイストになります。

〈作り方〉

①トマトはヘタを取り除き、皮は湯剥きする。
②水と安定剤をミキサーに入れて、よく混ぜる。
③グラニュー糖、トレハロース、水アメを加えて、よく混ぜる。
④①のトマトを、③の一部とレモン果汁とともにミキサーで攪拌する（a、b）。
⑤バジルと④の一部をミキサーで攪拌し、残りの④と合わせる（c、d）。
⑥③の残りと⑤をアイスクリームフリーザーに入れる。
※飾りのトマト、バジルは分量外。

〈材料〉

トマト（生）…350g
バジル（生）…2枚
レモン果汁…80g
グラニュー糖…168g
トレハロース…28g
水アメ（ハローデックス）…48g
安定剤…20g
水（35℃～45℃）…306g
合計1000g（バジルの葉は除く）

Tomato & Basil

Memo

完熟したトマトは皮の表面にヒビ割れが入りやすくなりますが、シャーベットでは皮を剥いてから用いるため、問題なく使用できます。皮を湯剥きすることで殺菌にもなります。

珍しさのあるフルーツのその他のレシピ

トマトシャーベット

TOMATO SHERBET

生果実　原価 100g･50円台

〈作り方〉

①トマトはヘタを取り除き、皮は湯剥きする。
②水と安定剤をミキサーに入れて、よく混ぜる。
③グラニュー糖、トレハロース、水アメを加えて、よく混ぜる。
④①のトマトを、③の一部とレモン果汁とともにミキサーで攪拌する。
⑤④と③の残りをアイスクリームフリーザーに入れる。

〈材料〉

- トマト(生)…350g
- レモン果汁…30g
- グラニュー糖…168g
- トレハロース…28g
- 水アメ(ハローデックス)…48g
- 安定剤…20g
- 水(35℃～45℃)…356g

合計1000g

イチジクシャーベット

FIG SHERBET

生果実　原価 100g･50円台

〈作り方〉

①イチジクは皮を付けたまま1／4にカットし、レモン果汁、グラニュー糖、水アメとともに煮て、冷ましておく。
②水と安定剤、トレハロースをミキサーに入れて、よく混ぜる。
③①と②の一部をミキサーに入れて攪拌する。
④③と②の残りをアイスクリームフリーザーに入れる。
⑤1分後に牛乳もアイスクリームフリーザーに入れる。

〈材料〉

- イチジク(生)…300g　レモン果汁…20g
- グラニュー糖…154g　トレハロース…24g
- 水アメ(ハローデックス)…44g
- 安定剤…20g　水(35℃～45℃)…238g
- 牛乳…200g

合計1000g

柿シャーベット

PERSIMMON SHERBET

生果実　原価 100g･40円台

〈作り方〉

①柿は皮を剥き、種を取り除き、適度な大きさにカットする。
②水と安定剤をミキサーに入れて、よく混ぜる。
③グラニュー糖、トレハロース、水アメを加えて、よく混ぜる。
④①の柿を、③の一部とレモン果汁とともにミキサーで攪拌する。
⑤④と③の残りをアイスクリームフリーザーに入れる。

〈材料〉

- 柿(生)…300g
- レモン果汁…10g
- グラニュー糖…150g
- トレハロース…25g
- 水アメ(ハローデックス)…43g
- 安定剤…20g
- 水(35℃～45℃)…452g

合計1000g

Memo

イチジクや柿を使ったシャーベットは特に珍しさがあり、日本らしさもアピールできます。イチジクは、煮てから使うことで、衛生的に作ることができます。

スイカシャーベット

WATERMELON SHERBET

生果実　原価 100g・70円台

〈作り方〉

①スイカは皮以外の部分を適度な大きさにカットする。
②水と安定剤をミキサーに入れて、よく混ぜる。
③グラニュー糖、トレハロース、水アメを加えて、よく混ぜる。
④①のスイカを、③の一部とレモン果汁とともにミキサーに入れる。スイカの種を潰さないように、ミキサーを断続運転させながら混ぜ合わせる。漉して種を取り除く。
⑤④と③の残りをアイスクリームフリーザーに入れる。

〈材料〉

スイカ(生)…600g　レモン果汁…20g
グラニュー糖…129g
トレハロース…24g
水アメ(ハローデックス)…41g
安定剤…20g
水(35℃〜45℃)…166g
合計1000g

白桃シャーベット

WHITE PEACH SHERBET

生果実　原価 100g・50円台

〈作り方〉

①白桃は皮を剥き、種を取り除いて適度な大きさにカットする。
②水と安定剤をミキサーに入れて、よく混ぜる。
③グラニュー糖、トレハロース、水アメを加えて、よく混ぜる。
④①の白桃を、③の一部とレモン果汁とともにミキサーで攪拌する。
⑤④と③の残りをアイスクリームフリーザーに入れる。
⑥1分後に牛乳もアイスクリームフリーザーに入れる。

〈材料〉

白桃(生)…400g　レモン果汁…10g
グラニュー糖…147g　トレハロース…24g
水アメ(ハローデックス)…42g
安定剤…20g　水(35℃〜45℃)…157g
牛乳…200g
合計1000g

洋なしシャーベット

PEAR SHERBET

生果実　原価 100g・70円台

〈作り方〉

①洋なしは皮を剥き、芯の部分を取り除いて適度な大きさにカットする。
②水と安定剤をミキサーに入れて、よく混ぜる。
③グラニュー糖、トレハロース、水アメを加えて、よく混ぜる。
④①の洋なしを、③の一部とレモン果汁とともにミキサーで攪拌する。
⑤④と③の残りをアイスクリームフリーザーに入れる。

〈材料〉

洋なし(生)…400g　レモン果汁…20g
グラニュー糖…135g　トレハロース…22g
水アメ(ハローデックス)…38g
安定剤…20g　水(35℃〜45℃)…365g
合計1000g

Memo

スイカは種を取り除くひと手間はかかりますが、人気のあるフルーツです。白桃は、リッチなおいしさを魅力にできます。洋なしのシャーベットは、豊かな香りに加えてとろけるような食感も特徴になります。

アプリコットシャーベット

APRICOT SHERBET

ピューレ　原価 100g・60円台

〈作り方〉

①水と安定剤をミキサーに入れて、よく混ぜる。
③グラニュー糖、トレハロース、水アメを加えて、よく混ぜる。
③アプリコットピューレとレモン果汁を加えて混ぜる。
④③をアイスクリームフリーザーに入れる。

〈材料〉

冷凍アプリコットピューレ（10％加糖）…300g
レモン果汁…20g
グラニュー糖…140g　トレハロース…23g
水アメ（ハローデックス）…40g　安定剤…20g
水（35℃～45℃）…457g
合計1000g

カシスシャーベット

CASSIS SHERBET

ピューレ　原価 100g・90円台

〈作り方〉

①水と安定剤をミキサーに入れて、よく混ぜる。
③グラニュー糖、トレハロース、水アメを加えて、よく混ぜる。
③カシスピューレとレモン果汁を加えて混ぜる。
④③をアイスクリームフリーザーに入れる。

〈材料〉

冷凍カシスピューレ（10％加糖）…300g
レモン果汁…20g
グラニュー糖…133g　トレハロース…21g
水アメ（ハローデックス）…38g　安定剤…20g
水（35℃～45℃）…468g
合計1000g

パパイヤシャーベット

PAPAYA SHERBET

生果実　原価 100g・60円台

〈作り方〉

①パパイヤは皮や種を取り除いて適度な大きさにカットする。
②水と安定剤をミキサーに入れて、よく混ぜる。
③グラニュー糖、トレハロース、水アメを加えて、よく混ぜる。
④①のパパイヤを、③の一部とレモン果汁とともにミキサーで攪拌する。
⑤④と③の残りをアイスクリームフリーザーに入れる。

〈材料〉

パパイヤ（生）…300g　レモン果汁…20g
グラニュー糖…154g　トレハロース…25g
水アメ（ハローデックス）…44g　安定剤…20g
水（35℃～45℃）…437g
合計1000g

Memo

アプリコットは、爽やかな甘酸っぱさに特徴があり、梅に似たフルーツです。カシスは、ヨーロッパではポピュラーで、最近日本でも人気が出てきました。パパイヤは、フルーツの王様とも言われ、パパイヤ特有の風味や甘みが魅力になります。

レストラン・カフェの盛り付け例⑦

アイス＆シャーベットの盛り合わせ

ジェラートのアイスとシャーベットを盛り合わせて提供することで、それぞれの味わいや口当たりの違いを楽しんでもらうことができます。

シロップベースを使うシャーベットのレシピ

ここまで紹介したシャーベットのレシピは、水、グラニュー糖、トレハロース、安定材をその都度、計量して作る方法ですが、もう一つ、別の方法もあります。あらかじめ水、糖類、安定材を合わせた「シロップベース」を作っておき、各シャーベットに使用する方法です。シロップベースを使うと、各シャーベットを作る際に、その都度、糖類や安定剤を計量する必要がなくなります。さらに、加熱して作るシロップベースは、「熱を加えると、安定剤の効果が高まる」と言われる点でもメリットがあります。

しかし、シロップベースを使うと、フルーツの糖分に合わせて、糖類や安定剤の量を微妙に調整するのが難しくなります。また、はっきりとした根拠はありませんが、グラニュー糖は、熱を加えずに使った方が味の良いシャーベットになるという考え方もあります。このように、シロップベースを使うか、使わないかは、店の考え方によって変わってくるため、本書では両方のレシピを紹介しておきます。

シロップベースのレシピ

〈作り方〉

パステライザーに水を入れて40℃になったら、よく混ぜ合わせておいたグラニュー糖、トレハロース、安定材を少しずつ入れる。120分前後で完成。

〈材料〉

- 水…385g
- グラニュー糖…420g
- トレハロース…150g
- 安定剤…45g

合計1000g

イチゴシャーベット

〈材料〉

- イチゴ（生）…400g
- シロップベース…390g
- 水…190g
- レモン果汁…20g

合計1000g

レモンシャーベット

〈材料〉

- レモン果汁（生）…160g
- シロップベース…400g
- 水…440g

合計1000g

メロンシャーベット

〈材料〉

- メロン（生）…400g
- シロップベース…325g
- レモン果汁…10g
- 水…65g　牛乳…200g

合計1000g

森のいちごシャーベット

〈材料〉

- イチゴ（生）…120g
- ラズベリー（冷凍ホール）…80g
- ブルーベリー（冷凍ホール）…50g
- シロップベース…370g　レモン果汁…10g
- 水…370g

合計1000g

キウイシャーベット

〈材料〉

キウイフルーツ(生)…250g
シロップベース…360g
レモン果汁…10g
水…180g　牛乳…200g
合計1000g

リンゴシャーベット

〈材料〉

リンゴ(生)…400g
シロップベース…340g
レモン果汁…20g
水…240g
合計1000g

オレンジシャーベット

〈材料〉

オレンジ果汁(生)…400g
シロップベース…350g
レモン果汁…20g
水…230g
合計1000g

グレープフルーツシャーベット

〈材料〉

グレープフルーツ(生)…400g
シロップベース…350g
レモン果汁…20g
水…230g
合計1000g

マンゴーシャーベット

〈材料〉

マンゴー(生)…300g
シロップベース…340g
水…350g
レモン果汁…10g
合計1000g

パイナップルシャーベット

〈材料〉

パイナップル(生)…400g
シロップベース…340g
レモン果汁…20g
水…240g
合計1000g

ブルーベリーシャーベット

〈材料〉

冷凍ブルーベリーピューレ(10%加糖)…300g
シロップベース…310g
水…370g　レモン果汁…20g
合計1000g

ぶどうシャーベット

〈材料〉

ぶどう(生)…300g
シロップベース…320g
水…360g
レモン果汁…20g
合計1000g

ミックスフルーツシャーベット

〈材料〉

リンゴ(生)…100g　バナナ(生)…70g
パイン(生)…70g　オレンジ(生)…70g
イチゴ(生)…40g　シロップベース…350g
水…280g　レモン果汁…20g
合計1000g

ラズベリーシャーベット

〈材料〉

冷凍ラズベリーピューレ
(10%加糖)…300g
シロップベース…310g
水…370g　レモン果汁…20g
合計1000g

ネクタリンシャーベット

〈材料〉

ネクタリン(生)…400g
シロップベース…325g
レモン果汁…10g
水…65g　牛乳…200g
合計1000g

プラムシャーベット

〈材料〉

プラム(生)…250g
シロップベース…360g
水…380g
レモン果汁…10g
合計1000g

トマトシャーベット

〈材料〉

トマト(生)…350g
シロップベース…400g
レモン果汁…30g
水…220g
合計1000g

トマト＆バジル

〈材料〉

トマト(生)…350g　バジル…2枚
シロップベース…380g
レモン果汁…80g
水…190g
合計1000g(バジルは除く)

柿シャーベット

〈材料〉

柿(生)…300g
シロップベース…360g
レモン果汁…10g
水…330g
合計1000g

イチジクシャーベット

〈材料〉

イチジク(生)…300g
シロップベース…360g
レモン果汁…10g
水…130g　牛乳…200g
合計1000g

白桃シャーベット

〈材料〉

白桃(生)…400g
シロップベース…325g
レモン果汁…10g
水…65g　牛乳…200g
合計1000g

スイカシャーベット

〈材料〉

スイカ(生)…600g
シロップベース…310g
レモン果汁…10g
水…80g
合計1000g

アプリコットシャーベット

〈材料〉

冷凍アプリコットピューレ(10%加糖)…300g
シロップベース…310g
水…380g　レモン果汁…10g
合計1000g

洋なしシャーベット

〈材料〉

洋ナシ(生)…400g
シロップベース…320g
レモン果汁…10g
水…270g
合計1000g

パパイヤシャーベット

〈材料〉

パパイヤ(生)…300g
シロップベース…370g
レモン果汁…20g
水…310g
合計1000g

カシスシャーベット

〈材料〉

冷凍カシスピューレ(10%加糖)…300g
シロップベース…330g
水…370g
合計1000g

CHAPTER 4

アイスケーキを作る

■作業工程に関して…アイスケーキは、しっかりと冷し固めることが大切なため、材料を詰めたり重ねたりする1工程ごとに「冷凍庫で冷やす」という工程が入っています。1種類のアイスケーキに付き5個以上を目安に、2〜3日で仕上げる作業工程にし、他のジェラート製造作業の合間に1工程ずつ進めるようにすると、効率よく作ることができます。

■アイスケーキの食べ方について…紹介する「セミフレッドアイスケーキ」(セミフレッドは半分、冷たいという意味)は、冷凍庫から取り出したばかりの状態では固く、ぼそぼそした食感です。冷凍庫から取り出し、箱などに入れたまま30〜60分間置いておき、時々、竹串などを刺して、中心まで軽く通れば食べごろです。尚、箱などの持ち帰り用の容器に“あらかじめ”詰めてテイクアウト販売している場合は、アイスクリーム類の分類の名称(9ページ参照)や、乳脂肪分などの分量、原材料名などの表示が必要になります。

イチゴケーキ

TORTA ALLA FRAGOLA

ケーキと言えば、やはりイチゴです。「イチゴケーキ」はアイスケーキでも一番人気です。イチゴの爽やかな酸味と、ミルクアイスの優しい甘みがよく合います。ケーキならではのイチゴの華やかなデコレーションも魅力になります。

※作り方は125ページ

マロンチョコレートケーキ

TORTA AL CIOCCOLATO E MARON

マロンとチョコレートの組み合わせは、ちょっとリッチな味わいです。秋から冬にかけての季節商品としても魅力的なアイスケーキです。デコレーションは、チョコレートの細かい模様で、見た目にもケーキの豊かさを演出します。

※作り方は126ページ

Torta al Cioccolato e Maron

アラスカジェラートケーキ
ALASKA TORTA GELATO

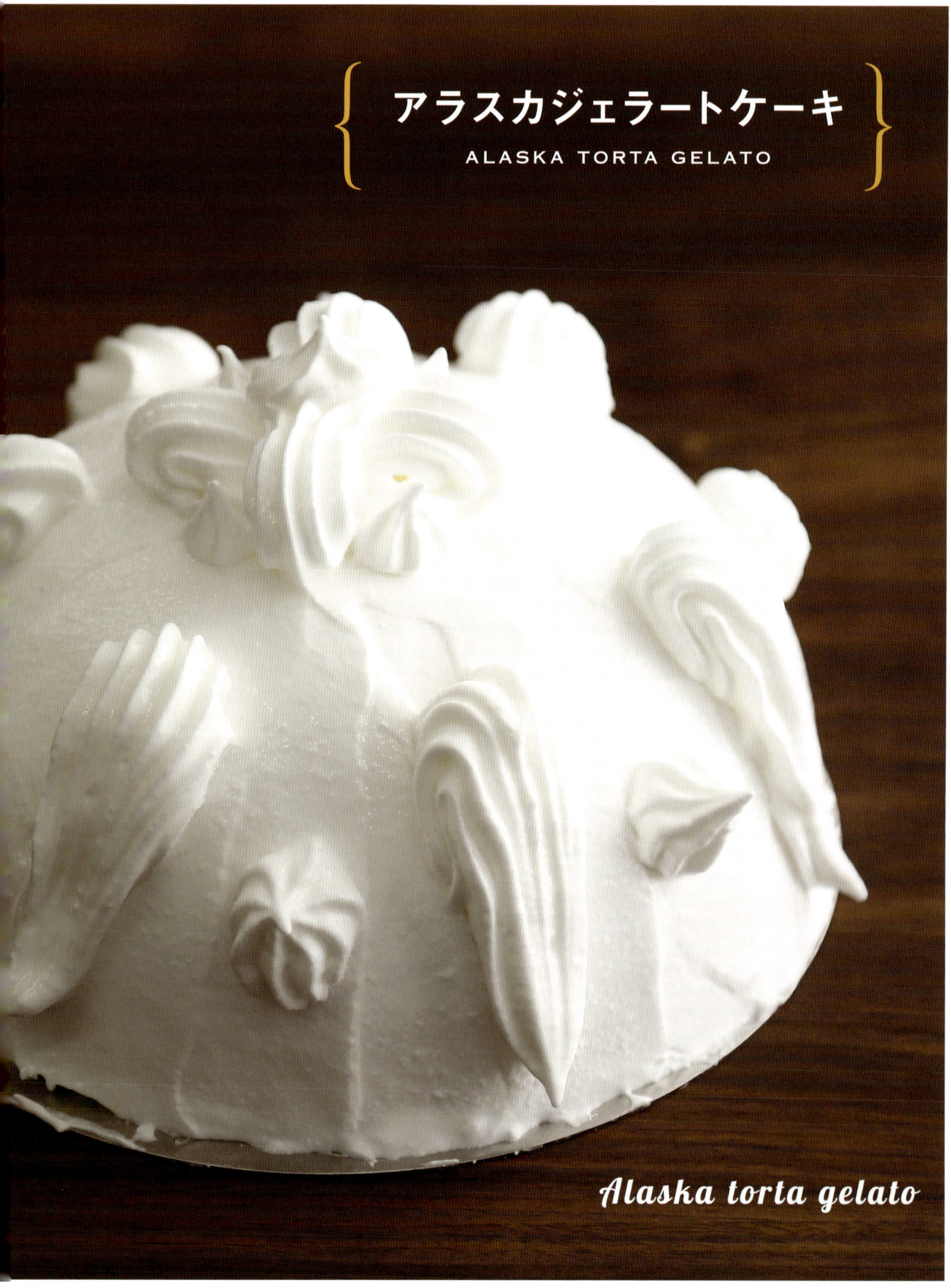

見た目にもインパクトのあるアイスケーキです。イタリアでは、誕生日などの「お祝いのアイスケーキ」として親しまれています。花火を添えても盛り上がります。食べ方もユニークで、170℃のオーブンで10〜15分焼き、テーブルで切り分けます。表面のメレンゲとその内側のスポンジケーキが断熱材になるため、中のアイスを溶かさずに、表面を焼いて味わうことができます。

※作り方は127ページ

アイスケーキに使用するイタリアンメレンゲの作り方

アイスケーキには「イタリアンメレンゲ」を使います。イタリアンメレンゲと生クリームで作る「セミフレッド」は、アイスケーキを冷凍庫から取り出して戻した時、しっとりとしたおいしい食感になります。

〈材料〉

卵白…500g	
グラニュー糖…1000g	
水…200g	
レモン果汁…少々	
	合計1700g （でき上がり約1520g）

〈作り方〉

①卵白をケーキミキサーで泡立てる（a、b）

②グラニュー糖、水、レモン果汁を鍋に入れて温める。

③沸騰したら弱火にし、グラニュー糖の溶け具合を確認しながら煮詰めていく（c）。

④フォークの先を③に入れて持ち上げ、フォークのすき間に息を吹きかけてシャボン玉ができるまで煮詰める（d）。

⑤①に④を少しずつ加え、中速で混ぜ合わせる（e）。

⑥粗熱が取れるまで混ぜ合わせてでき上がったら（f）、容器に取り出す。

a

b

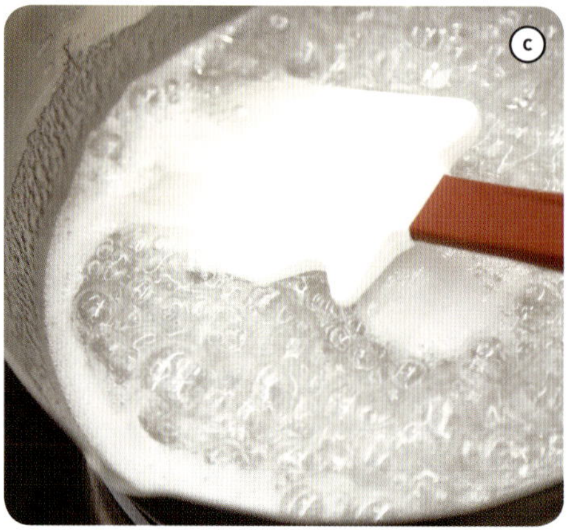
c

d

e

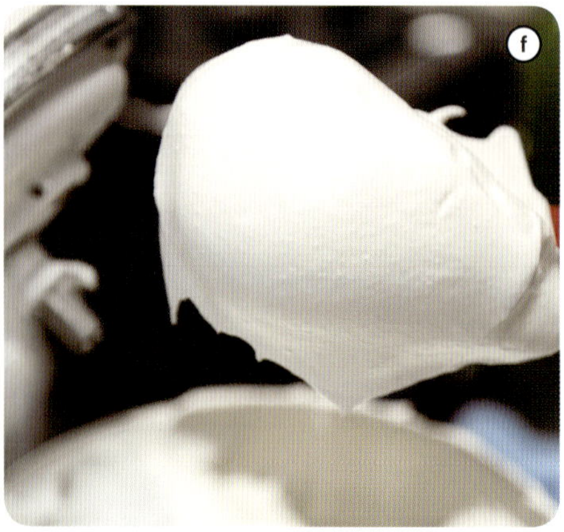
f

イチゴケーキの作り方

〈材料〉 直径18cm・高さ4cmのホール分

スポンジケーキの生地…直径18cm・高さ1cm
シロップ（オレンジリキュール又はキリッシュ）…適量
イチゴ（洗浄、殺菌したもの）…200g
ミルクアイス（14ページ参照）…375g
プレーンセミフレッド★…適量
イチゴミルクアイス（36ページ参照）…375g

〈作り方〉

①スポンジケーキの生地をケーキの型の底に敷き、シロップを刷毛で塗り（a）、冷凍庫で冷やす。
②型の内側の側面にスライスしたイチゴを張り付け（b）、冷凍庫で冷やす。
③型の半分くらいまでミルクアイスを入れて表面を平らにし（c、d）、冷凍庫で冷やす。
④イチゴミルクアイスと細かくカットしたイチゴを混ぜる（e）。
⑤型の残りの空間に④を入れ（f）、表面を平らにして冷凍庫で冷やす。
⑥仕上げにプレーンセミフレッドを絞ってイチゴを飾り（g）、冷凍庫で冷やす。

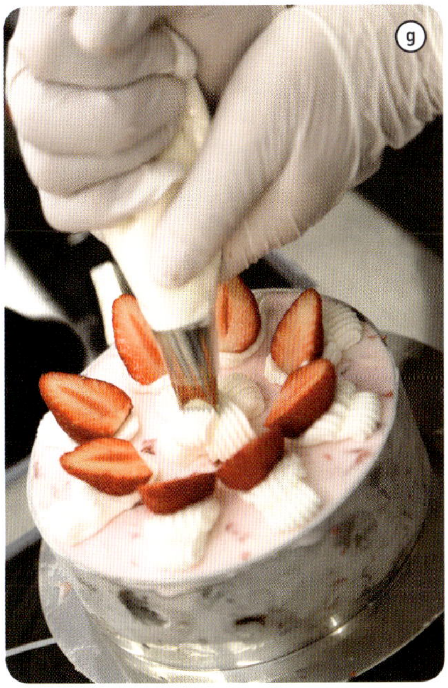

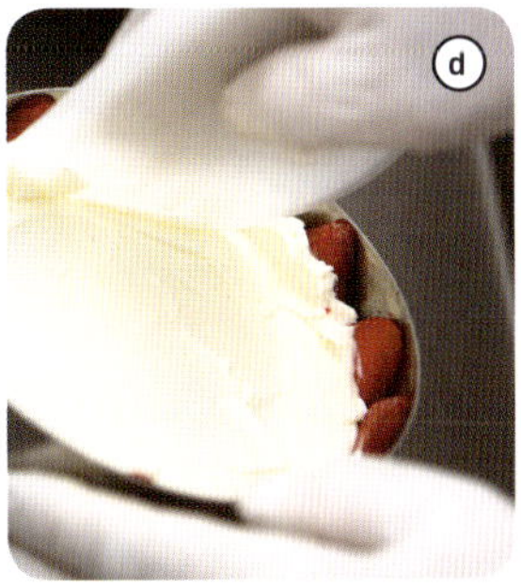

★プレーンセミフレッドの作り方

〈材料〉

生クリーム（乳脂肪35%）…750g
イタリアンメレンゲ（124ページ参照）…250g
合計1000g

〈作り方〉

生クリームをホイップして、イタリアンメレンゲと混ぜ合わせる。

マロンチョコレートケーキの作り方

〈材料〉 直径18cm・高さ4cmのホール分

スポンジケーキの生地…直径18cm・高さ1cm

ラム酒入りシロップ…適量　マロングラッセアイス（51ページ参照）…375g

チョコレートアイス（52ページ参照）…375g

プレーンセミフレッド（125ページ参照）…適量

チョコレートセミフレッド★…適量　チョコレートペースト…適量

〈作り方〉

①スポンジケーキの生地をケーキの型の底に敷き、ラム酒入りシロップを刷毛で塗り、冷凍庫で冷やす。

②型の半分くらいまでマロングラッセアイスを入れて表面を平らにし、冷凍庫で冷やす。

③型の残りの空間にチョコレートアイスを入れて表面を平らにし（a、b）、冷凍庫で冷やす。

④プレーンセミフレッドとチョコレートセミフレッドを交互に絞り、仕上げにチョコレートペーストを絞る（c、d）。冷凍庫で冷やす。

★チョコレートセミフレッドの作り方

〈材料〉

生クリーム（乳脂肪35%）…750g　チョコレートペースト…150g

イタリアンメレンゲ（124ページ参照）…250g

合計1150g

〈作り方〉

生クリームにチョコレートペーストを加えてホイップし、イタリアンメレンゲを加える。イタリアンメレンゲをつぶさないように、そっと混ぜ合わせる。

アラスカジェラートケーキの作り方

〈材料〉 直径18cmの半円のホール分

スポンジケーキの生地…適量	ラム酒…適量
エスプレッソコーヒーシロップ（57ページのMemo参照）…適量	
バニラアイス（15ページ参照）…500g	
チョコレートアイス（52ページ参照）…500g	
イタリアンメレンゲ（124ページ参照）…適量	

〈作り方〉

①ボールの側面全体に、5mmくらいにスライスしてカットしたスポンジケーキの生地を張り付け（a）、軽くラム酒を振りかける。冷凍庫で冷やす。
②スポンジケーキの生地の上に、バニラアイスを入れて、冷凍庫で冷やす。
③チョコレートアイスを入れて表面を平らにし（b）、冷凍庫で冷やす。
④エスプレッソコーヒーシロップを刷毛で塗ったスポンジケーキの生地を、全体に蓋をするような形で敷き詰め、はみ出た部分は切り取る（c、d）。冷凍庫で冷やす。
⑤ボールから取り出し、イタリアンメレンゲで全体をコーティングする。−20℃以下の冷凍庫で保存。
⑥食べる直前に170℃のオーブンで10分〜15分焼き、テーブルで切り分けて食べる。

ティラミスジェラートケーキ

TIRAMISU TORTA GELATO

マルサラワイン、卵黄、グラニュー糖で作る「ザバイオーネ」の香りを活かした「ティラミスジェラートケーキ」で、ちょっと大人の味わいです。正方形の容器やミニカップで作っても魅力的な商品になります。

Tiramisu torta gelato

〈材料〉 ※分量は容器の大きさに合わせる

スポンジケーキの生地…適量
エスプレッソコーヒーシロップ（57ページのMemo参照）…適量
ザバイオーネセミフレッド★…適量　ココアパウダー…適量

〈作り方〉

①型の底にスポンジケーキの生地を敷き、エスプレッソコーヒーシロップをかけて（a）、冷凍庫で冷やす。
②ザバイオーネセミフレッドを入れて、表面を平らにし（b）、冷凍庫で冷やす。
③ザバイオーネセミフレッドでデコレーションし（c）、冷凍庫で冷やす。
④ココアパウダーをかけて仕上げる（※ココアパウダーをかけてからショックフリーザーなどに入れると、パウダーが飛び散るので注意）。

★ザバイオーネセミフレッドの作り方

〈材料〉 ※分量は容器の大きさに合わせる

生クリーム（乳脂肪35%）…750g
ザバイオーネペースト（57ページ参照）…70g
イタリアンメレンゲ（124ページ参照）…250g
合計1070g

〈作り方〉

生クリームにザバイオーネペーストを加えてホイップし、イタリアンメレンゲを加える。イタリアンメレンゲをつぶさないように、そっと混ぜ合わせる。

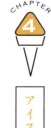

テイクアウト用 ミニカップの盛り付け例

テイクアウト用のミニカップの盛り付け例です。透明のミニカップを使うことで、横から見ても色がきれいです。仕上げにフルーツなどをトッピングして、ミニサイズのアイスケーキ風に仕上げました。尚、持ち帰り用の容器に〝あらかじめ〟詰めてテイクアウト販売している場合は、アイスクリーム類の分類の名称(9ページ参照)や、乳脂肪分などの分量、原材料名などの表示が必要になります。

特別収録　ジェラート専門店の店づくり 01

人気「ジェラテリア」の店づくり拝見

撮影協力：『GOTOYA Dolce RACCONTO（ゴトーヤドルチェ ラコント）』
住所／岐阜県岐阜市美園町2-9　HP／https://www.racconto.co.jp/

本書の最後に、ジェラート専門店「ジェラテリア」の店づくりについても紹介したいと思います。まず、人気「ジェラテリア」の実例として登場してもらうのは、岐阜市にある『GOTOYA Dolce RACCONTO（ゴトーヤドルチェ ラコント）』です。

同店は歴史が長く、1985年に舟守定嗣さんと妻の寿子さんが岐阜市徹明町に開業。地域で評判のジェラテリアとして約15年間営業しましたが、寿子さんの実家の和食店『後藤家』を継ぐために、一度店を閉じました。店を閉じてからは『後藤家』のデザート部門でジェラートの製造販売を続けていましたが、多くのファンから店の再開を望む声があり、2015年に再オープンを果たします。それが、岐阜市美園町にある現在の『ゴトーヤドルチェ ラコント』です。舟守夫妻の次女・亜友美さんの夫である澤木和也さんが新たに店長となり、ラコントの長年の味を受け継ぎながら、さらなる進化にも取り組んでいます。そんな同店の店づくりを、134ページから写真とともに紹介します。

①②③『ゴトーヤドルチェ ラコント』は、岐阜市美園町にある『和風料理 後藤家』の隣に店舗を構えています。大きな窓から日の光が差し込む開放感のある店舗にし、利用客にほっとくつろいでもらえる居心地のよい空間にしています。ジェラテリアの内装は、立地や規模によって変わりますが、同店の場合は、地域に根ざしたジェラテリアとして、店を訪れた人たちの「憩いの場」となるような空間づくりを行なって好評です。④1985年に開業した『ラコント』は、舟守定嗣さん・寿子さん夫妻（写真左側）から、澤木和也さん・亜友美さん夫妻（写真右側）へと引き継がれ、2015年に現在地に再オープンを果たしました。

③

①

④

②

①ジェラテリアの「店の顔」は、ジェラートのショーケースです。『ゴトーヤドルチェ ラコント』のショーケースにも、色とりどりのおいしそうなジェラートが並びます。②中でも同店の長年の看板商品が「パイパイパイ」。ミルクジェラートとパイ生地を3層に重ねた商品です。他にも、すりおろしたリンゴをそのまま味わっているようなおいしさが自慢の「りんご」や、多彩なベリー類を使った「森のいちご」などの人気が高く、旬のフルーツを使った季節ごとのジェラートも評判です。③④スパチェラ（へら）を使ってジェラートを美しく盛り付ける様子や、完成したジェラートを渡す時の笑顔。そうしたライブ感やおもてなしの気持ちも、ジェラート専門店の魅力を高める要素になります。

③

①

④

②

①ジェラートの販売は、好みのものを2種類選んでもらって盛り合せるのが一般的です。『ゴトーヤドルチェ　ラコント』でも、2種類を選んでもらう「シングルコーン（2色）」380円を基本商品にしています。写真は「ストロベリー」と「クッキーミスト」です。②「ダブルコーン（3色）」480円もあり、写真は「抹茶」「Wクリーム」「スイカ」です。③インパクトのある「レインボー（7色）」780円も用意。写真は「ピスタチオ」「カシス」「ピーチ」「キウイフルーツ」などで、驚きの見た目がお客を楽しませます。他にカップ売りは「Sカップ（140ml）」460円、「Mカップ（500ml）」（1380円）を用意しています。

①

②

③

①『ゴトーヤドルチェ　ラコント』では、「ケーキ＆ジェラート」、「フルーツ＆ジェラート」各530円を揃え、商品のバリエーションを広げています。写真の「ケーキ＆ジェラート」は、ケーキが「モンブラン」で、ジェラートが「森のいちご」です。ケーキは自家製で、ティラミスやベイクドチーズケーキなども提供しています。②「フルーツ＆ジェラート」の一例です。ジェラートは「パイパイパイ」、フルーツはパイナップルやキウイフルーツ、リンゴ、アメリカンチェリーなどを色どりよく盛り込んでいます。③④ジェラートにエスプレッソコーヒーをかけて食べる「アフォガート」。イタリアではポピュラーなデザートのスタイルで、エスプレッソをかけることで、ひと味違ったジェラートのおいしさを楽しむことができます。

③

④

①

②

特別収録 ジェラート専門店の店づくり 02

「ジェラテリア」の経営面のポイント

生産性の高さ、利益率の高さがジェラテリアの優位性

ジェラート専門店「ジェラテリア」の経営面のポイントに関しても、特に知っておいていただきたい点を最後にまとめました。

まず、経営面におけるジェラートの大きな長所は、スイーツ類の中でも特に生産性が高いことです。例えば、洋菓子店の場合は、ケーキ職人一人が一日に作ることができるケーキ類の販売額は5万円くらいと言われます。それに対してジェラートは、一人で一日に20万円以上の販売額に相当するジェラートを作ることも可能です。アイスクリームフリーザーに材料を入れれば10分前後でき上がるため、生産性が非常に高いのです。

ジェラートは、アイスクリームフリーザーに材料を入れれば完成までの時間は短く、生産性が非常に高い。

しかも、原価が低く、利益率が高いのがジェラートです。本書では各ジェラートに原価の目安を掲載しましたが、100g（容量120㎖）を300円で販売した場合、原価率が20％未満のものも多くあります。使うフルーツの種類にもよりますが、水と砂糖を主材料とするシャーベットは特に原価が下がります。ジェラート専門店は、生産性の高さ、利益率の高さに経営の優位性があるのです。

売上が落ちる冬場対策が経営の大切なポイント

しかし、一方でジェラート専門店には課題もあります。それは、夏場と冬場の売上の差が非常に大きいということです。デパートなどの商業施設内であれば、冬場もある程度は賑わいますが、それでも夏場に比べれば、売上が落ちるのが一般的です。イタリアでは、冬場は2ヵ月ほど休業するケースもあります。夏場と冬場の売上の差が大きいことを踏まえて年間の売上目標を立て、人の採用なども計画的に行なうことが大切になります。

また、ジェラート専門店の冬場対策として、ショーケースに並べるジェラートの容器の大きさを変える方法があります。冬場に売上が落ちた時、残ったジェラートを長く販売しようとすると状態が悪くなり、さらに売上を低下させてしまうため、それを防ぐ方法として容器の大きさを変えるのです。

容器の大きさを変える一つめの方法は、通常が4ℓの容器であれば、それを半分の2ℓの容器に変え、1回の製造量を少なくして、早く売り切れるようにするやり方です。139ページの図1のように底の浅い容器に変えます。

もう一つの方法は、図2のようにジェラートの一部を面積が2倍で半分の深さの容器に変え、作る種類を減らします。このように、売上が落ちる冬場に対応した販売方法も工夫し、年間を通して商品のクオリティーを維持することが重要です。

ショーケースは、見ばえだけでなく品質管理も重要

ジェラテリアにとって、ジェラートのショーケースは「店の顔」になります。色とりどりのジェラートをバランスよく並べるなどして美しく見せることが重要ですが、ショーケースを選ぶ際は、温度管理を始めとした機能性も無視することはできません。ショーケースのタイプとしては

「冷気循環式ショーケース」や「スタティックショーケース(内壁が冷える)」があるので、それぞれの特徴を踏まえて選ぶことが大切です。
　また、ジェラートをショーケースに入れておくと、冷気の風で表面の乾燥や変色などが多少なりとも起こります。そのため提供する時は、ジェラートの表面を削り取って、常に新しい面が出てくるのが理想です。
　表面をデコレーションする場合は、手前から縦に削り取るため、表面が乾燥していくので注意が必要です。そして、乾燥を防ぐためには、ジェラートの表面積が少ないに越したことはありませんが、例えば、ジェラートの表面に細かい筋の模様を入れている場合があります。細かい筋を入れると表面積が多くなり、乾燥しやすくなるので、やはり要注意です。ショーケースはジェラートを美しく見せるだけでなく、品質管理の大切なポイントであることを常に意識することが必要です。

ジェラートは地産地消やB級品の有効活用にも適した商品

　ジェラートは様々なフルーツや野菜を使うため、ジェラテリアの商品開発では「地産地消」も魅力の一つになります。地元のおいしい素材を使ったジェラートは、きっと喜ばれることでしょう。
　また、ジェラートのフルーツや野菜は、見た目がよくないB級品であっても、味に問題がなければ使うことができます。見た目がよくないB級品を有効に活用することができるのも、ジェラートの良いところです。
　地元の生産者とのつながりを築き、地産地消の素材を有効に活用する。そんな商品開発に力を入れた店づくりも、ジェラテリアが目指したい経営スタイルの一つです。

本場イタリアでも進化しているジェラート

　ジェラートの商品開発の参考のために、本場イタリアの動向にも少し触れておきたいと思います。
　イタリアでも、ジェラートの一般的な商品構成はフルーツ類、ナッツ類、チョコレート類などですが、最近はそれぞれに変化も見られます。例えば、フルーツ類では、ヨーグルテイストをプラスしたものや、2種類〜3種類のフルーツを混ぜたもの(例えばキウイフルーツ、バナナ、パイナップル)が人気を呼んでいます。さらに、チョコレート類では、コーヒーの「シングルオリジン」のように産地(エクアドル、マダガスカル、ジャマイカなど)ごとの味わいを魅力にする店が出てきています。
　このように本場イタリアでも、時代とともに進化を遂げているのがジェラートです。素晴らしい素材がたくさんある日本でも、さらに魅力的なジェラートがこれから開発されていくことでしょう。その可能性に挑戦し、新しいおいしさを生み出していくことで、ジェラテリアはもっとお客様を喜ばすことができると考えています。

売上が落ちる冬場対策の例

1 容器の深さを浅くし、1回の製造量を少なくする
4ℓ
2ℓ
2 面積の大きい容器に変え、作る種類を減らす

売上が落ちる冬場対策として、ショーケースに並べるジェラートの容器の大きさを変えて、作る量や種類を減らす方法がある。

ショーケースに並べるジェラートは、美しく見せるだけでなく、品質管理についても常に意識することが大切。

株式会社 ニューセンコーポレーション

THE TEXT OF GELATO